GUIA BÁSICO PARA ADMINISTRAÇÃO DA MANUTENÇÃO HOTELEIRA

OBRA ATUALIZADA CONFORME
O **NOVO ACORDO ORTOGRÁFICO**
DA LÍNGUA PORTUGUESA.

Dados Internacionais de Catalogação na Publicação (CIP)
(Câmara Brasileira do Livro, SP, Brasil)

Linzmayer, Eduardo
  Guia básico para administração da manutenção hoteleira / Eduardo Linzmayer. – 5ª ed. São Paulo : Editora Senac São Paulo, 2010.

  Bibliografia
  ISBN 978-85-7359-792-9

  1. Hotéis – Administração I. Título.

94-4442   CDD-647.94

Índice para catálogo sistemático:
1. Hotéis : Manutenção : Administração   647.94

EDUARDO LINZMAYER

GUIA BÁSICO PARA ADMINISTRAÇÃO DA MANUTENÇÃO HOTELEIRA

5ª edição

Editora Senac São Paulo – São Paulo – 2010

ADMINISTRAÇÃO REGIONAL DO SENAC NO ESTADO DE SÃO PAULO
Presidente do Conselho Regional: Abram Szajman
Diretor do Departamento Regional: Luiz Francisco de A. Salgado
Superintendente Universitário e de Desenvolvimento: Luiz Carlos Dourado

EDITORA SENAC SÃO PAULO
Conselho Editorial: Luiz Francisco de A. Salgado
　　　　　　　　　Luiz Carlos Dourado
　　　　　　　　　Darcio Sayad Maia
　　　　　　　　　Lucila Mara Sbrana Sciotti
　　　　　　　　　Jeane Passos Santana

Gerente/Publisher: Jeane Passos Santana (jpassos@sp.senac.br)
Coordenação Editorial: Márcia Cavalheiro Rodrigues de Almeida (mcavalhe@sp.senac.br)
　　　　　　　　　　Thaís Carvalho Lisboa (thais.clisboa@sp.senac.br)
Comercial: Marcelo Nogueira da Silva (marcelo.nsilva@sp.senac.br)
Administrativo: Luís Américo Tousi Botelho (luis.tbotelho@sp.senac.br)

Preparação de Texto: Ronaldo Duarte Rocha
Revisão de Texto: Edna Viana, Ivone P. B. Groenitz
Elaboração de Textos Institucionais: Luiz Carlos Cardoso
Projeto Gráfico e Editoração Eletrônica: RW3 Design
Capa: Milton Costa
Impressão e Acabamento: Rettec Artes Gráficas Ltda.

Proibida a reprodução sem autorização expressa.
Todos os direitos desta edição reservados à
Editora Senac São Paulo
Rua Rui Barbosa, 377 – 1º andar – Bela Vista – CEP 01326-010
Caixa Postal 1120 – CEP 01032-970 – São Paulo – SP
Tel. (11) 2187-4450 – Fax (11) 2187-4486
E-mail: editora@sp.senac.br
Home page: http://www.editorasenacsp.com.br

© Eduardo Linzmayer, 2002

SUMÁRIO

Nota do editor 7

Prefácio – *Luiz Gonzaga Godoi Trigo* 9

Visão geral da manutenção hoteleira 11

A administração da manutenção 21

Configuração física básica do hotel 29

Conceitos básicos da manutenção hoteleira 75

Organização administrativa 87

Implantação de um sistema de manutenção 93

Arquivo técnico 103

Roteiros de inspeção e ordens de serviço 111

Referências bibliográficas 125

Índice geral 127

NOTA DO EDITOR

A manutenção é uma forma de aumentar a qualidade do serviço e reduzir custos, resultando em economia significativa para o empresário. Portanto, garantir o máximo de qualidade dos serviços prestados, com tratamento diferenciado ao cliente, em um mercado altamente competitivo como o setor hoteleiro, requer esforços que não devem prescindir do planejamento e da administração da manutenção de instalações, equipamentos, materiais e peças que compõem a estrutura da empresa.

Dada a importância do sistema de manutenção, Eduardo Linzmayer elaborou este guia, pautado na sua vasta experiência profissional, bem como na sua formação acadêmica específica. E o fez com maestria, de maneira clara e objetiva, utilizando-se de exemplos de situações hipotéticas, que bem refletem a realidade de muitas empresas do ramo hoteleiro, assim como de conceitos e dados pertinentes e legislação correlata que integram esse contexto.

Indispensável para profissionais da área, este livro é uma contribuição do Senac São Paulo para a compreensão de um setor que cresce e evolui a cada dia para atender à demanda exigente do mundo globalizado.

PREFÁCIO

O setor de hospitalidade compreende uma série de serviços específicos que podem ou não ser diretamente percebidos pelo cliente. Muitos desses serviços são evidentes em salas de estar, apartamentos, corredores, lojas, restaurantes, áreas esportivas, parques e jardins, centros de convenções e outras áreas públicas dos diversos locais destinados à hospitalidade. Há também serviços perceptíveis diretamente apenas pelos funcionários, fornecedores ou colaboradores que trabalham nos bastidores – cozinhas, lavanderias, oficinas, garagens, escritórios e outros setores internos.

Mas uma atividade pode tornar-se oculta ou dissimulada tanto para os clientes quanto para a maioria dos funcionários internos: o planejamento da manutenção patrimonial e de todos os sistemas envolvidos na operação da hospitalidade. O problema é que, no momento em que algo sai errado, a situação pode tornar-se muito evidente, tanto para os clientes quanto para os funcionários; isso quando não se transforma em um caso mais desastroso, a envolver os vizinhos, os transeuntes ou, pior, a mídia.

A falta de manutenção gera transtornos, prejuízos e problemas graves que poderiam ser evitados, ou minimizados, por meio de um programa de gestão de manutenção eficiente e desenhado para prevenir desgastes e acidentes. A manutenção pode auxiliar decisivamente um planejamento maior, estratégico ou tático, assim como a sua falta pode comprometer todo um esquema comercial, operacional ou funcional, na medida em que desvia recursos financeiros, humanos e materiais para sanar problemas urgentes que deveriam ser tratados como reparos, adaptações, melhorias ou ampliações programadas.

É dessa problemática que Eduardo Linzmayer se ocupa aqui. Com sua formação acadêmica específica e sua vasta experiência profissional, o autor executa de forma metodológica e conceitual o antigo adágio popular segundo o qual "prevenir é melhor que remediar". É também mais barato, mais lucrativo, mais ético e respeitador do meio ambiente. O trabalho de manutenção não começa na inauguração de um empreendimento, e sim na sua fase de planejamento, para prevenção de soluções meramente estéticas porém operacionalmente inviáveis, dispendiosas ou de manutenção difícil e perigosa.

Luiz Gonzaga Godoi Trigo
Professor associado do curso de lazer e turismo da Escola de Artes, Ciências e Humanidades da Universidade de São Paulo, docente e pesquisador nas áreas de turismo e entretenimento.

VISÃO GERAL DA MANUTENÇÃO HOTELEIRA

A IMPORTÂNCIA DA MANUTENÇÃO

A manutenção em edificações e instalações prediais hoteleiras tem-se mostrado nos últimos anos uma função empresarial de inegável destaque. Sua importância é tão patente que vem sendo encarada como um fator de diferenciação nos serviços de hospedagem prestados. Sua razão de ser reside no fato de que não existem equipamentos, máquinas, instalações prediais e obras civis eternos. Tudo o que é usado, bem ou mal – e mesmo o que permanece sem uso –, tende a se desgastar, a apresentar defeitos, a falhar e a se deteriorar com o tempo.

No âmbito das empresas do ramo hoteleiro e de outras da área de prestação de serviços, em que não há apenas um operador ou usuário do equipamento, o problema torna-se mais grave. Além disso, uma paralisação ou falha nas instalações tem efeito direto sobre a imagem do hotel. Daí a importância básica da manutenção.

Outra fonte de preocupação para o administrador hoteleiro têm sido os crescentes aumentos dos custos operacionais das instalações prediais, somados aos problemas de degradação e envelhecimento devidos à escassez de investimentos e, muitas vezes, ao despreparo gerencial. Constata-se que nos últimos anos a participação percentual dos custos diretos de manutenção sobre a receita bruta total encontra-se na faixa dos 3%, podendo elevar-se de acordo com o tipo de hotel. Qualquer sensível aumento dessa participação reflete-se imediatamente nas taxas de hospedagem, nos condomínios e na margem de lucro dos negócios.

Ao encontro disso, os atuais conceitos de qualidade no atendimento aos clientes (internos, externos e intermediários), a terceirização de atividades e as exigências mundiais nos padrões de serviços prestados vêm reforçando ainda mais a necessidade de organização da manutenção, tanto do ponto de vista tecnológico como do administrativo.

O ENFOQUE DA QUALIDADE TOTAL NA HOTELARIA

Um dos principais fatores que contribuem para o desempenho e a sobrevivência de uma organização é a qualidade dos serviços prestados e dos produtos oferecidos aos seus clientes. Existe uma tendência mundial no sentido de atender plenamente (e até superar) às expectativas dos consumidores e clientes em relação à qualidade.

Os sistemas hoteleiros voltados à fidelização dos hóspedes estão sendo utilizados como fatores diferenciais e decisivos na conquista e permanência do mercado.

No Brasil, essa tendência é confirmada pela efetiva adoção de normas técnicas e legais nos meios de hospedagem. Especial destaque para as medidas relacionadas ao Código de Defesa do Consumidor, alterações das Leis de Higiene em Alimentos, Segurança do Trabalho, Segurança contra Incêndio e Leis de Preservação do Meio Ambiente e de Sustentabilidade dos Negócios.

Outro importante movimento criado em torno da qualidade total é a certificação das empresas dos meios de hospedagem com base em critérios nacionais e internacionais. A aplicação da ISO 9000, da ISO 14000, do Selo Verde da Abih especifica os requisitos mínimos necessários para a Gestão da Qualidade, a serem adotados em todo o sistema empresarial hoteleiro e não apenas no produto ou no serviço prestado.

Independentemente do tipo de norma ou certificação adotada, o importante é proporcionar um padrão de serviços, uma constância das atividades desenvolvidas e a contínua introdução de melhorias. A qualidade de cada processo deverá garantir a excelência da empresa e sua diferenciação e competitividade no mercado de hospitalidade.

No caso de hotéis e meios de hospedagem, a base da qualidade total está direcionada à forma de atendimento aos clientes externos (hóspedes), clientes internos (funcionários e colaboradores) e clientes intermediários (terceiros e prestadores de serviços).

Os principais pontos abordados nos sistemas de certificação são os seguintes:

CARACTERIZAÇÃO DOS SERVIÇOS

Os requisitos dos serviços devem ser explicitamente definidos como características observáveis e sujeitas à avaliação do cliente. Essas características podem ser quantitativas (numeráveis) ou qualitativas (comparáveis). Quanto mais claro e preciso o processo de prestação de serviços, maior a oportunidade para se adotarem princípios estruturados de qualidade.

OBJETIVOS DA QUALIDADE

A fim de que se possa efetivar a política de qualidade, é necessária a identificação de objetivos e metas para a prestação do serviço, entre os quais se destacam:

- a satisfação do cliente com a qualidade do serviço;
- a proteção do ambiente e da sociedade como um todo, no tocante às atividades relacionadas com os serviços;
- a eficiência no fornecimento do serviço.

Portanto, a ideia central do novo enfoque aplicado ao setor hoteleiro consiste em identificar e documentar todas as atividades que colaboram para a melhoria da qualidade de forma sistemática. Para sua viabilização, devem ser perfeitamente definidos as responsabilidades e autoridades de cada funcionário, a alocação de recursos humanos e materiais e os procedimentos operacionais, além de serem estipuladas as necessidades e as expectativas dos clientes.

O ENFOQUE DA MANUTENÇÃO NOS RESULTADOS FINANCEIROS

Com a entrada dos investidores no mercado da hotelaria e a criação dos condo-hotéis e fundos de investimento hoteleiros, a área de manutenção passou a incorporar a responsabilidade de racionalização dos processos e a redução de custos.

Novas profissões estão surgindo no mercado envolvendo o gerenciamento de propriedades e dos bens imobiliários (*property* e *asset management*) e o gerenciamento das facilidades e da infraestrutura (*facility management*).

A INFLUÊNCIA DA MANUTENÇÃO NA QUALIDADE E NA PRODUTIVIDADE

Para exemplificar a importância da manutenção na qualidade e na produtividade dos serviços, apresenta-se a seguir uma situação hoteleira em que se patenteia a falta de qualidade no atendimento de um hóspede.

O HÓSPEDE CHEGA AO HOTEL

- num dia de chuva, o hóspede desce do carro, pisa numa poça de água e acaba todo molhado por causa dos furos no toldo de entrada;
- o porteiro não está munido de guarda-chuva porque estão todos quebrados ou estragados;
- ao entrar no *hall* da recepção, tropeça numa trinca aberta do piso.

O ATENDIMENTO NA RECEPÇÃO

- o computador de registro está quebrado, e não é possível confirmar a reserva feita;
- o hóspede percebe riscos na bancada da recepção, fios soltos nas instalações elétricas e paredes descascadas.

CHAMANDO O ELEVADOR

- a botoeira de chamada do elevador está quebrada e a lâmpada de sinalização queimada;

- ao entrar no elevador, o hóspede percebe o desalinhamento do elevador em relação ao piso do hotel;
- ao subir para o apartamento, fica preso no elevador.

DENTRO DO APARTAMENTO

- ao colocar a chave para abrir o quarto, o hóspede nota que o miolo da fechadura está emperrado;
- o carpete do quarto está desigual e com manchas;
- ao entrar no banheiro, observa o teto com mofo;
- a porta do *box* se solta, e os azulejos estão trincados;
- durante o banho, a água esquenta muito e esfria, não mantendo a temperatura;
- o ralo do piso do *box* está entupido, fazendo com que a água transborde;
- saindo do *box*, o hóspede se machuca na quina da pia;
- o espelho do banheiro apresenta falhas, manchas e descascados internos;
- ao deitar-se para relaxar, verifica que o abajur não funciona;
- o ar-condicionado não resfria e faz muito barulho;
- o telefone apresenta chiados e interferências;
- a televisão tem péssima imagem;
- a torneira do banheiro não para de pingar a noite inteira.

DE MANHÃ, AO LEVANTAR-SE

- o hóspede perde a hora, pois não ouviu o telefone tocar devido ao defeito na campainha;
- cancela o banho de piscina, pois a água está turva;
- os equipamentos da sala de ginástica não funcionam.

DURANTE O CAFÉ DA MANHÃ

- ao sentar-se, o hóspede percebe defeitos no encosto da cadeira;
- a mesa está com balanço;

- ouvem-se barulhos incômodos provenientes de exaustores, da torre de refrigeração e do sistema de ar condicionado.

AO SAIR DO HOTEL

- ao aproximar-se de seu carro, o hóspede vê que ele está coberto por uma camada de pó de cimento solto do piso do estacionamento;
- na última inspeção geral do edifício, observa: pintura descascando, canos e fios aparentes, goteiras no teto, sucata e lixo em locais inadequados, pátio com pisos soltos e buracos, e holofotes quebrados.

Diante de tais circunstâncias, as perguntas finais que se devem fazer são:

- Qual será a reação do hóspede na hora de pagar a conta do hotel?
- Ele voltará e indicará o hotel para outras pessoas?
- Quais os "custos" de não qualidade advindos da situação descrita?

COMO AVALIAR A MANUTENÇÃO

A perda da qualidade e da produtividade devida à falta de manutenção ou a suas formas inadequadas é nitidamente percebida pelos clientes internos e externos do hotel. Eis a seguir os principais modos de avaliá-la.

CRESCIMENTO DOS CUSTOS DIRETOS DE MANUTENÇÃO

Os custos diretos de manutenção são obtidos por meio do custo da mão de obra, dos materiais, das peças e dos insumos e serviços de terceiros. Conforme o grau de degradação e descuido pela falta de manutenção, esses custos variam muito. No ramo de hotelaria, a relação *custo de manutenção/custos totais* oscila de 2% a 15%, ou seja, pode-se gastar muito ou pouco em relação aos demais custos da empresa.

PARTICIPAÇÃO DO CUSTO DE MANUTENÇÃO SOBRE O FATURAMENTO

Uma maneira prática de avaliar essa importância é a relação *custo de manutenção/faturamento*, cujo resultado significa quanto precisa ser subtraído do faturamento bruto da empresa para cobrir as despesas com a manutenção.

No caso de um hotel em que o faturamento médio mensal é de R$ 80.000,00 e o custo mensal de manutenção é de R$ 2.400,00, a relação será:

$$\frac{\text{custo de manutenção}}{\text{faturamento}} = 3\%$$

AVALIAÇÃO DOS CUSTOS OPERACIONAIS E DE ENERGIA DO HOTEL

Os custos operacionais de uma instalação hoteleira, tais como energia elétrica, água fria, água quente, vapor e ar condicionado, não são contabilizados como manutenção. Com projetos e instalações bem especificados e dimensionados e a introdução de práticas preventivas, esses custos tenderão a ser minimizados durante o ano. A manutenção afeta diretamente os custos operacionais do hotel e é importante instrumento para redução desses custos e a conservação da energia. Os programas e metas de racionalização de energia estão diretamente associados às práticas de manutenção predial hoteleira.

MEDIÇÃO DO CUSTO DE PARADA

A paralisação de um equipamento (um chuveiro queimado, a parada do sistema de refrigeração ou a interdição de um quarto ou recinto de uso) causa sérios transtornos aos hóspedes e usuários e acaba gerando "custos" relevantes para a empresa, os quais normalmente não são quantificados e contabilizados.

CONTROLE DA OBSOLESCÊNCIA E DEGRADAÇÃO DO PATRIMÔNIO

A falta de uma manutenção constante interfere imediatamente na vida útil dos equipamentos e das instalações da empresa. Além de causar uma depreciação física acelerada, o patrimônio da empresa desvaloriza-se com sensível diminuição em sua durabilidade. Em vez de se conservar por trinta anos, a instalação tem sua vida funcional reduzida para quinze anos ou menos, o que representa uma perda irrecuperável.

CUSTOS COM MULTAS, INFRAÇÕES E AUTUAÇÕES

O não cumprimento das normas técnicas e legais sujeita a empresa a multas, infrações e autuações dos órgãos oficiais e de fiscalização.

MEDIÇÃO DOS CUSTOS COM ACIDENTES CAUSADOS POR FALHAS E DEFEITOS

Um equipamento ou uma instalação cuja manutenção revele-se precária representa um risco para a integridade física dos usuários. Exemplos disso são os incêndios, os cortes, as fraturas, os arranhões, a contaminação, o desabamento. A falta de conservação, de sinalização e de cuidados com as instalações gera riscos de acidentes e de mortes, que também se traduzem como altos custos.

MEDIÇÃO DO CUSTO DA MÁ QUALIDADE DO SERVIÇO PRESTADO

A prestação de serviços constitui uma atividade muito mais complexa do que a fabricação de peças e produtos. Um serviço de má qualidade prestado por um hotel reflete-se negativamente em seus clientes e, em consequência, também no mercado.

MEDIÇÃO DO CUSTO DE PERDA DE IMAGEM

De acordo com o que foi apresentado na situação hipotética do hóspede em contato com a não qualidade, percebe-se a importância desse custo para a própria sobrevivência do negócio. O custo da perda de imagem é o somatório de todos os fatores expostos. A figura a seguir ilustra, por meio do *iceberg*, os custos visíveis e invisíveis relacionados com a manutenção.

Custos visíveis e invisíveis da manutenção

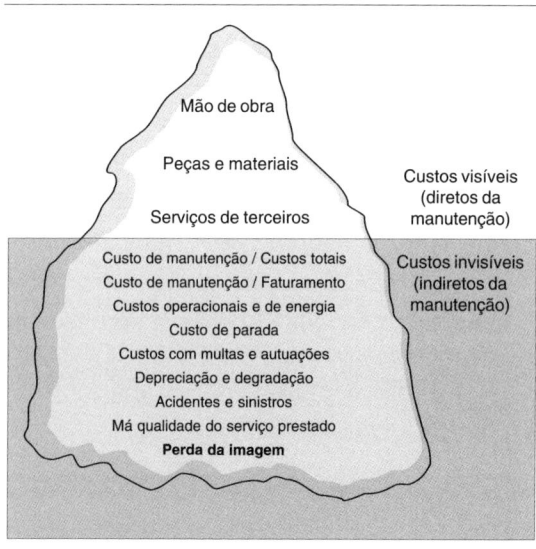

RESERVA FINANCEIRA PARA REPOSIÇÃO DO PATRIMÔNIO

Toda edificação hoteleira, envolvendo obras civis, máquinas, equipamentos e instalações, sofrerá desgastes e depreciações ao longo do tempo. É fundamental reservar um percentual da verba calculada sobre o investimento (custo de manutenção/investimento) durante seu ciclo de vida, visando a sua futura reforma ou reposição. Esse percentual é chamado de *Life Cycle Cost* (LCC) ou Custo do Ciclo de Vida:

$$LCC = \frac{\text{custo de manutenção}}{\text{investimento}} = 10\%$$

RESERVA FINANCEIRA OPERACIONAL

As atividades de manutenção corretiva, preventiva e produtiva são executadas com base em orçamento (*budget*) elaborado na previsão de faturamento do hotel.

Este fundo de reserva operacional é responsável pelas despesas ordinárias do empreendimento e devem sempre ser controladas e mantidas dentro de limites preestabelecidos.

CUSTO DO PASSIVO AMBIENTAL

A ausência de estações de tratamento de esgoto, reciclagem e destino do lixo orgânico e inorgânico, de preservação das áreas verdes, de controle da qualidade do ar interno e da água servida das edificações cria impactos ambientais. O descuido em relação a esses fatores pode resultar em passivos ambientais qualitativos e quantitativos.

A ADMINISTRAÇÃO DA MANUTENÇÃO

EVOLUÇÃO HISTÓRICA DOS CONCEITOS

A história da manutenção acompanha a evolução tecnológica, econômica e social do mundo. Para entender seu desenvolvimento como ciência pode-se dividi-la em sete fases:

- **1ª Fase**: Pré-História da Manutenção – século XVIII
  - não existiam equipes de manutenção;
  - o próprio operador ou dono da máquina era o responsável;
  - a parada da máquina não causava maiores problemas.
- **2ª Fase**: Primeiras Equipes de Manutenção – século XIX
  - surgem as grandes invenções: a eletricidade, as máquinas e motores a vapor;
  - aparecem as primeiras equipes;
  - ter à mão os recursos: MANU + TENERE = MANUTENÇÃO.
- **3ª Fase**: Manutenção Corretiva – de 1900 a 1920
  - Primeira Guerra Mundial;

- surgem as primeiras indústrias;
- a parada da máquina atrasa toda a produção;
- formam-se as equipes de Manutenção Corretiva.

- **4ª Fase**: Manutenção Preventiva – de 1920 a 1950
  - Segunda Guerra Mundial;
  - início da aviação;
  - aparece a eletrônica, com o primeiro computador;
  - é necessário prevenir: surge a Manutenção Preventiva.

- **5ª Fase**: Manutenção com Foco na Racionalização – de 1950 a 1970
  - crise do petróleo;
  - os custos aumentam demasiadamente;
  - aparece a engenharia de manutenção;
  - não basta só consertar e prevenir: isso precisa ser realizado com economia.

- **6ª Fase**: Manutenção Produtiva Total (MPT) – de 1970 a 1980
  - crescimento das empresas e concorrências;
  - técnicas japonesas;
  - envolvimento da operação na Falha Zero;
  - produção = operação + manutenção;
  - o operador e o usuário das máquinas são importantes;
  - surge a Manutenção Produtiva Total (MPT).

- **7ª Fase**: Manutenção Baseada em Confiabilidade (MBC) – de 1980 até hoje
  - diversidade de itens físicos das edificações;
  - complexidade tecnológica;
  - questão jurídica e legal;
  - automação predial;
  - questão ambiental e da segurança do trabalho.

Verifica-se no Brasil uma ampla diversificação de situações, com empresas enquadrando-se em todas as sete fases. A atual globalização econômica faz com que as empresas se preocupem muito mais com a produtividade. E é em sua busca que vêm ocupando papel de destaque os diversos setores de manutenção e gerenciamento da propriedade, assumindo grande valor na diferenciação dos serviços.

As empresas têm-se voltado muito mais para manter e operar eficientemente suas instalações com mínimo custo e máxima durabilidade. Assim, os reduzidos orçamentos para as despesas de manutenção compartilham o desafio de sustentar um bom nível de atendimento ao usuário. O esforço atual de gerenciamento e administração da manutenção tem sido importante aliado das empresas de hospitalidades e de prestação de serviços, com ênfase no setor hoteleiro.

SIGNIFICADO, OBJETIVOS E PROBLEMAS

VISÃO GERAL

Em razão da tendência de elevarem-se os custos operacionais, de mão de obra, de peças, de materiais e de serviços terceirizados, provocando assim uma queda exponencial da lucratividade dos negócios, a manutenção vem ganhando mais espaço nos setores de prestação de serviços. Além da preocupação em aplicar técnicas de conserto e execução, surge a necessidade de estabelecer um controle mais eficiente e racional das informações, com o fim de promover um aumento – sempre vinculado a uma redução de custos – da qualidade do serviço prestado.

A dura carcaça da antiga organização da manutenção começa a ser rompida e modificada em vários setores da hotelaria e da prestação de serviços. Além de ser o departamento "consertador", pronto a atender emergências, vem sendo ultimamente encarada como uma forma de aumentar a qualidade do serviço e reduzir os custos, possibilitando economias substanciais ao empresário.

Algumas redes hoteleiras intitulam essa área de *facilities* ou facilidades e infraestrutura.

O SIGNIFICADO DA MANUTENÇÃO

Sem dúvida a execução de serviços de reparo e prevenção representa uma atividade importante, mas não é a única implicada na manutenção; além de ser fundamental à economia, à conservação e ao aumento da vida útil dos equipamentos, ela envolve a satisfação e a segurança dos usuários e frequentadores dos serviços, afetando diretamente a *imagem da empresa*. De maneira geral, a manutenção pode ser definida como um sistema de apoio às atividades operacionais da empresa, que acaba gerando um processo de atendimento muito semelhante ao funcionamento de bancos, supermercados, aeroportos, hospitais, barbeiros e outros.

A título de exemplo, pode-se associar a manutenção de uma empresa a um sistema de saúde: os centros de saúde seriam responsáveis pelas ações programadas e preventivas, e os hospitais ou prontos-socorros, pelas ações emergenciais e corretivas, umas influenciando as outras. Esquematicamente:

- **a manutenção tem um cliente** – a operação e os usuários das instalações;
- **usa matérias-primas** – mão de obra, peças, materiais e serviços de terceiros;
- **tem um produto final** – equipamentos e instalações funcionando em boas condições operacionais. O esquema a seguir ilustra esse significado:

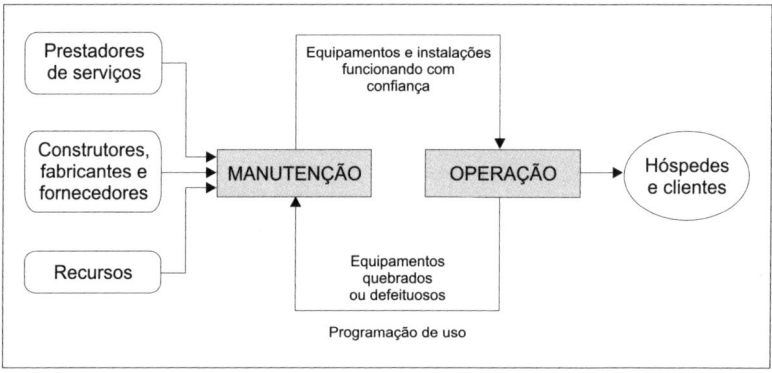

PROBLEMAS E DESAFIOS

Eis alguns dos maiores problemas e desafios com que se defrontam os profissionais de manutenção:

- consertar defeitos e falhas nas instalações e nos equipamentos;
- analisar sempre suas causas e efeitos no serviço, resolvendo-os;
- especificar e empregar materiais, peças e ferramentas adequados;

- controlar e reduzir custos de consertos e falhas;
- conservar a energia gasta nas atividades operacionais;
- definir até que ponto vale a pena executar manutenção preventiva e corretiva;
- manter atualizada a documentação técnica e legal da edificação;
- definir critérios para revisão geral, reformas e futuras substituições;
- definir os equipamentos em relação aos quais os investimentos redundarão em máxima confiabilidade e disponibilidade;
- prolongar e controlar o ciclo de vida das edificações;
- contratar e fiscalizar os serviços de empresas e especialistas externos;
- optar entre a execução interna e a externa dos serviços.

Pode-se assim concluir que o sistema de manutenção dinamiza-se num processo que envolve o gerenciamento de recursos para superar problemas e desafios, visando manter os equipamentos e as melhores condições de sua operação. O esquema abaixo procura sintetizar esses conceitos e definições:

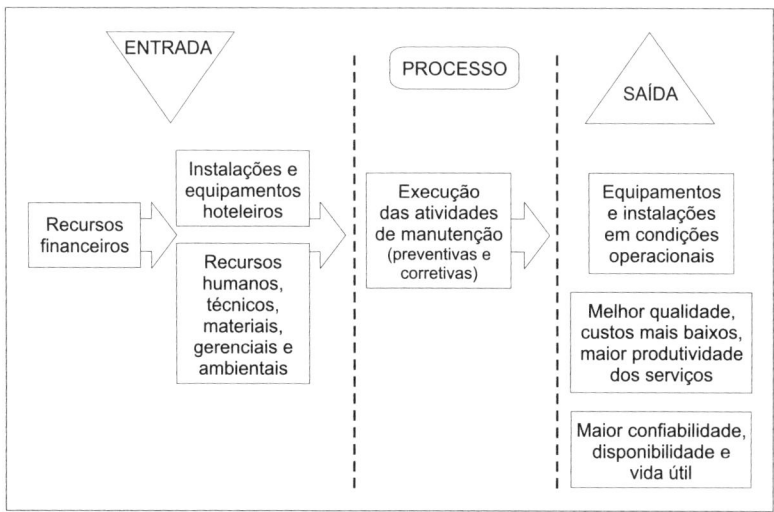

MISSÃO E OBJETIVOS DA EMPRESA E DA MANUTENÇÃO

Em termos bem simples, pode-se dizer que a missão da empresa alinha-se com sua principal finalidade na sociedade e no mercado, representando sua vocação prioritária para a prestação de seus serviços ou para a fabricação de seus produtos. Pergunta-se então: qual é a missão de uma empresa hoteleira? E a resposta será: atender a hóspedes e a clientes por meio de serviços de hospedagem, lazer, eventos, alimentos e bebidas com a melhor qualidade e produtividade possível, praticando preços justos e competitivos.

Para cumprir tal missão a empresa necessita de:

- **recursos humanos**, constituídos pelas equipes de colaboradores internos e externos;
- **recursos materiais**, que significam alimentos, bebidas, peças de reposição, insumos, materiais de limpeza, entre outros;
- **obras civis**, isto é, qualquer tipo de construção, prédios, galpões, áreas livres pavimentadas ou não pavimentadas;
- **equipamentos e instalações prediais**, envolvendo as instalações elétricas, hidráulicas, de ar-condicionado e equipamentos específicos das funções hoteleiras;
- **recursos ambientais e de energia**, englobando água, energia elétrica, gás, ar e todas as relações do hotel com o ambiente externo;
- **recursos financeiros**, representados pelo capital aplicado na empresa.

Nesse contexto, destaca-se a missão da manutenção como órgão de apoio ao cumprimento da missão maior da empresa hoteleira, que é manter o patrimônio físico da empresa dentro de níveis econômicos de custos, com vistas à constante satisfação dos clientes internos e externos por meio dos serviços prestados. Assim sendo, tem-se, esquematicamente, as seguintes relações das funções hoteleiras com a manutenção:

Guia básico para administração da manutenção hoteleira

É possível então circunscrever o objetivo geral de "investimento" em manutenção às ações de:
- obter a máxima confiança nas instalações e nos equipamentos hoteleiros;
- obter a máxima disponibilidade para seu uso;
- reduzir os custos ao mínimo.

Esse objetivo geral pode desdobrar-se ainda em quatro grupos específicos:
- atender às áreas produtivas do hotel (clientes internos e externos);
- reduzir os custos diretos e indiretos (visíveis e invisíveis);
- aumentar a vida útil de obras, instalações e equipamentos;
- desenvolver e aperfeiçoar a tecnologia.

Apresenta-se a seguir uma explicação mais detalhada dos referidos pontos.
- Objetivos referentes ao atendimento das áreas produtivas do hotel – é o objetivo central do sistema de manutenção; tem em vista garantir a seu "cliente", ou seja, à área produtiva, as condições operacionais para a prestação do serviço e para a fabricação dos produtos, que consistem em:
  - rapidez de atendimento e reposição do equipamento em operação;
  - alta disponibilidade de equipamentos e instalações;
  - altos padrões de confiabilidade;
  - preservação ao máximo do nível de serviços.
- Objetivos referentes à redução de custos e ao aumento de lucros – em se tratando de manutenção, tais objetivos vinculam-se à economia da empresa e às diversas formas de redução dos custos globais, sejam diretos, sejam indiretos. A manutenção revela-se um importante fator diferencial e é ainda muito pouco explorada pela ótica da racionalização e da melhoria dos resultados.
- Objetivos referentes à extensão e à preservação da vida de equipamentos e instalações – ligam-se à preservação da integridade e à supervisão das condições físicas da vida de obras civis, instalações prediais e equipamentos hoteleiros.
- Objetivos referentes ao desenvolvimento tecnológico – a importância deste último grupo reside sobretudo no que tange ao aperfeiçoamento

dos equipamentos e da tecnologia empregada. Para que isso se efetive é preciso que haja perfeita sintonia com a construtora do prédio, com os fabricantes e montadoras de equipamentos e instalações, com as empresas fornecedoras e com os prestadores de assistência técnica.

Para atender a esses objetivos, a Manutenção Hoteleira necessita de recursos aplicados no processo de prestação de seus serviços (preventivos e corretivos). Esses recursos são mnemonicamente chamados de 6M's:

- Recursos Humanos (*Man*) – mão de obra especializada, assistência técnica e prestadores de serviços
- Recursos Materiais (*Material*) – peças, materiais, sobressalentes, conjuntos e componentes
- Recursos Financeiros (*Money*) – numerário e orçamento (*budget*)
- Recursos Técnicos (*Machine*) – ferramentas, máquinas operatrizes, oficinas
- Recursos Gerenciais (*Management*) – sistemas informatizados, ordens de serviços, relatórios
- Recursos Ambientais (*Market*) – áreas verdes, água, ar

CONFIGURAÇÃO FÍSICA BÁSICA DO HOTEL

EMPRESA HOTELEIRA

O que é uma empresa hoteleira?

Considera-se empresa hoteleira a pessoa jurídica que explore ou administre meio de hospedagem e que tenha em seus objetivos sociais o exercício de atividade hoteleira, observado o art. 4º do Decreto nº 84.010, de 15 de julho de 1980.*

Atualmente, a definição de uma empresa hoteleira pode assumir várias conotações, principalmente devido à multiplicidade de produtos e serviços vinculados a esse negócio. A diversidade vai desde uma residência temporária, um lugar impessoal, até os hotéis-residência (*flats*), condo-hotéis, que são já definitivos, com toques personalizados; desde um lugar destinado ao lazer, à realização de eventos, a atividades culturais e esportivas, à consolidação de negócios, até um simples ambiente para realizar um sonho ou uma fantasia momentânea.

---

* Deliberação Normativa nº 429, de 23-4-2002, Embratur-ABIH Nacional, altera o regulamento geral dos meios de hospedagem e cria um novo sistema oficial de classificação dos meios de hospedagem. Deliberação Normativa nº 433, de 6-1-2003, Embratur, equiparou o *flat* aos serviços de hospedagem prestados pelos hotéis.

O projeto e a construção de um hotel constituem sempre uma atividade bastante complexa, na qual arquitetos e engenheiros devem interpretar, ou até prever, as aspirações do empresário, dos hóspedes e dos clientes. Desse modo, as instalações hoteleiras devem oferecer a esses últimos o máximo de conforto e atender às expectativas do grupo frequentador, com especial atenção aos inúmeros detalhes construtivos e operacionais, para que a configuração física traduza cabalmente a intenção de bem servir.

Os rumos que acabam tomando a utilização, a operação e a manutenção da empresa hoteleira são reflexos diretos das fases de planejamento, projeto e construção do empreendimento. Numa palavra, pode-se afirmar que tais fases, se bem consolidadas, proporcionam excelentes resultados no uso e na manutenção da empresa hoteleira.

CICLO DE VIDA DA CONSTRUÇÃO PREDIAL E DOS EQUIPAMENTOS

O ciclo de vida de uma construção predial, que pode ser denominada "edificação", acontece em três etapas essenciais:

- **1ª etapa**: Atividades preliminares do empreendimento – abrange todas as atividades preliminares implicadas nos estudos de viabilidade técnica, econômica e financeira, na escolha da localização, na seleção de terrenos, nas pesquisas de mercado, nos projetos básicos e executivos.

- **2ª etapa**: Execução da construção e da montagem – envolve todas as atividades executivas da obra, bem como seu acompanhamento e sua fiscalização. Dessa etapa fazem parte a montagem, a instalação e o comissionamento das instalações, das utilidades prediais e dos equipamentos hoteleiros.

- **3ª etapa**: Operação, utilização e manutenção – essa etapa é também chamada de *Uso e Manutenção*. Refere-se às atividades de funcionamento conjugado de operação, utilização e manutenção.

Eis, em esquema, o ciclo de vida da construção predial e dos equipamentos:

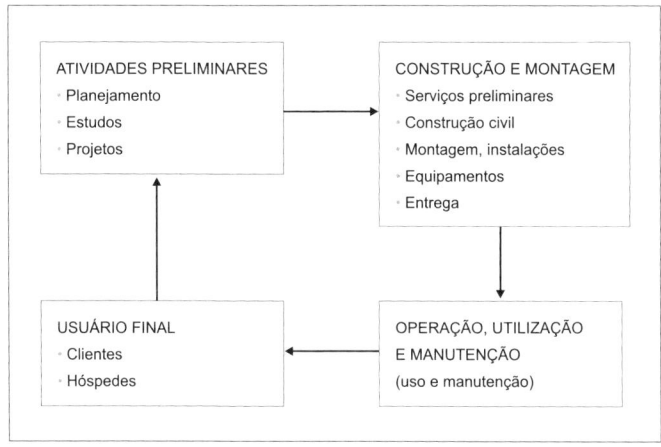

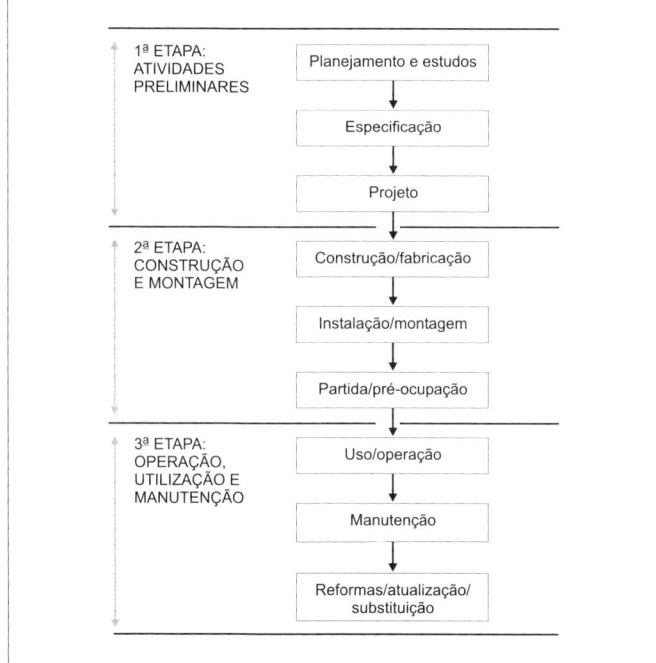

O plano de manutenção deve acompanhar todas as etapas constituintes do ciclo de vida: na verdade ele nunca chega a um termo, uma vez que é sobretudo um processo dinâmico em constante mutação e evolução. O detalhamento das três etapas e a sequência construtiva podem ser assim explanados:

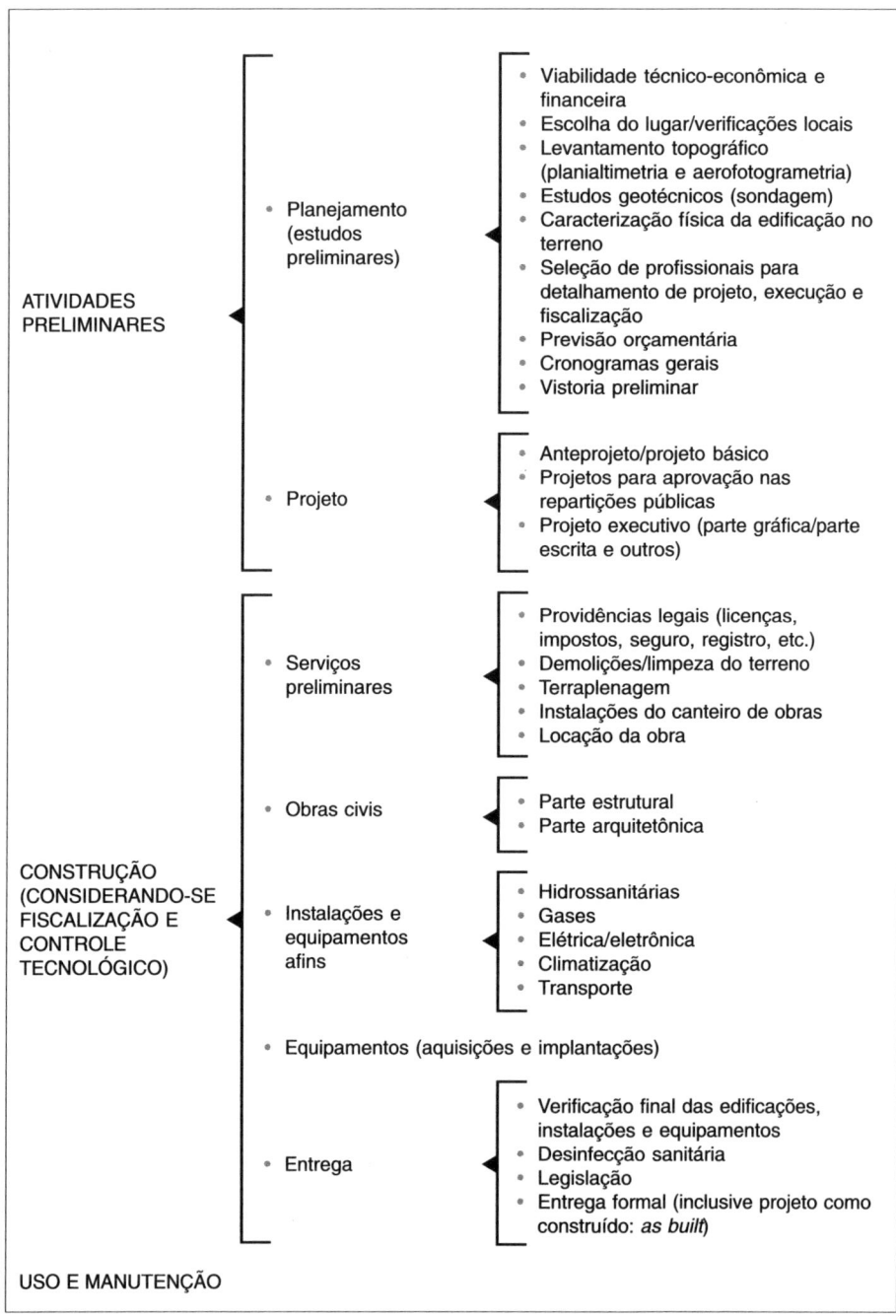

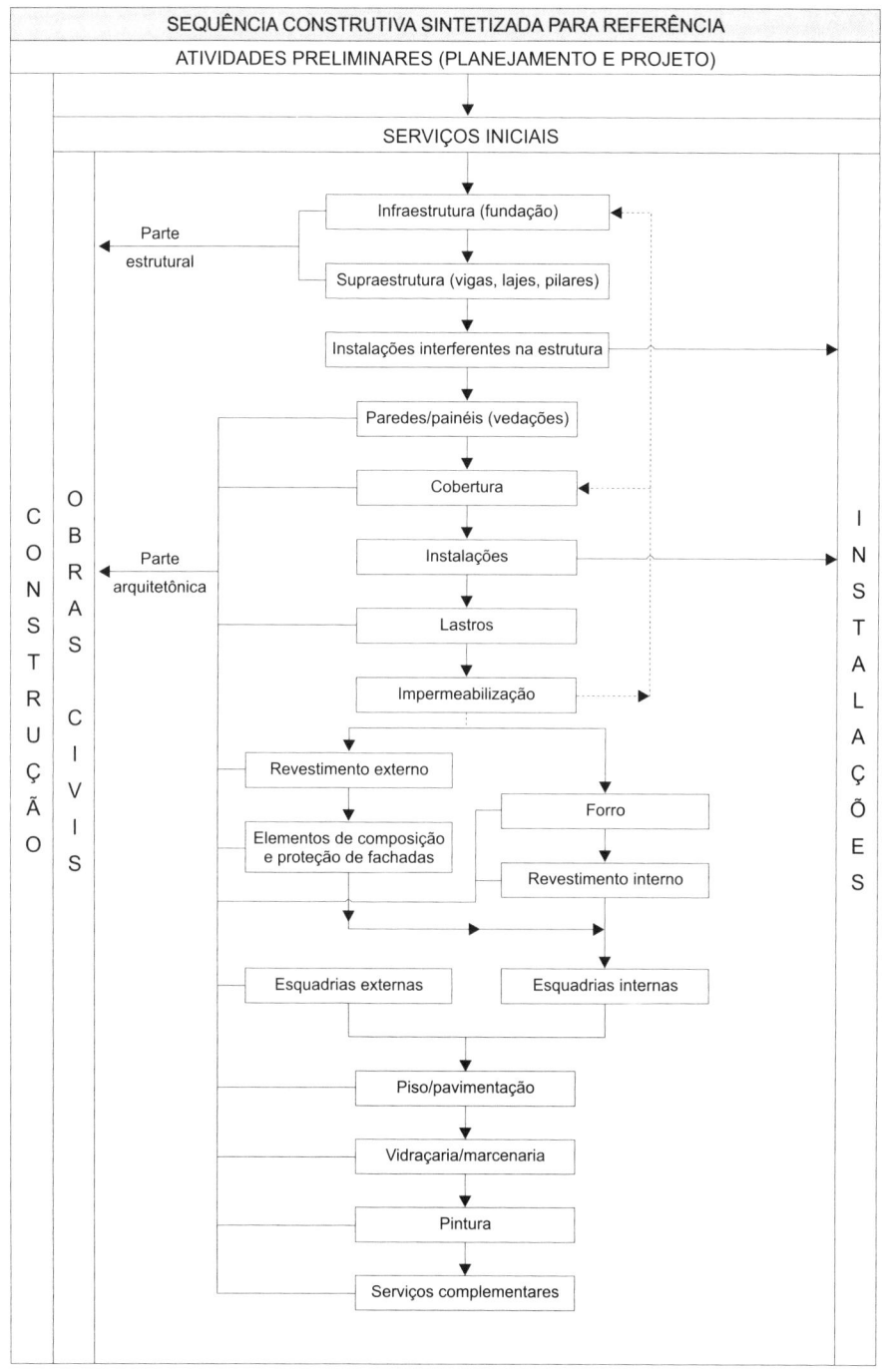

Configuração física básica do hotel

EDIFICAÇÃO

"Construção (obras civis) resultante de projeto específico, com utilização definida, dotada de instalações e equipamentos, constituindo unidade autônoma" (Norma NBR 5674/1999 – Manutenção de Edificações – Procedimento).

Dentro de uma edificação acham-se:

Obras civis

- **Estruturais**
  - fundação (infraestrutura)
  - supraestrutura
- **Arquitetônicas**
  - fachadas
  - revestimentos
  - interiores
  - coberturas
  - paredes
  - esquadrias

Instalações

- **Hidrossanitárias**
  - água fria
  - água quente/vapor
  - circuitos especiais (piscina, chafariz, etc.)
  - água pluvial
  - esgoto
  - gás
  - higienização
- **Elétricas**
  - energia (produção e distribuição)
  - para-raios
  - iluminação

- **De comunicação**
  - telefones/interfones
  - fax/telex
  - processamento de dados
  - sistema de TV/vídeo
  - sistema de som
  - sinalização visual
- **De segurança**
  - incêndio
  - circuitos de TV
  - alarme
  - iluminação de emergência
  - sonorização de segurança
- **Mecanizadas**
  - elevadores
  - monta-cargas
  - escada rolante
  - portão automático
- **De climatização**
  - ar-condicionado
  - circuito de ventilação/exaustão
  - câmara frigorífica
  - calefação
- **Especiais**
  - rede para microcomputadores

Equipamentos

- **De uso específico**
  - mobiliário
  - equipamentos de cozinha
  - equipamentos de lavanderia

- **Relativos às instalações**
  - equipamentos de comunicação
  - equipamentos hidráulicos, bombas

A seguir, expõe-se a composição dos principais componentes da edificação sujeitos à responsabilidade da engenharia de manutenção hoteleira.

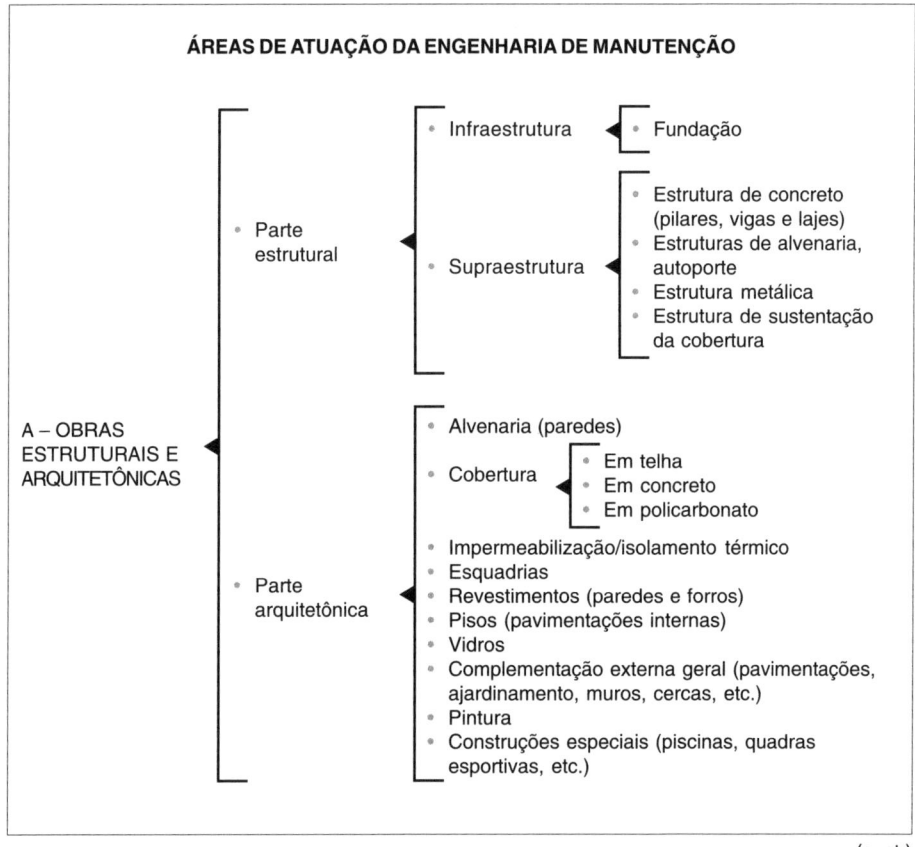

(cont.)

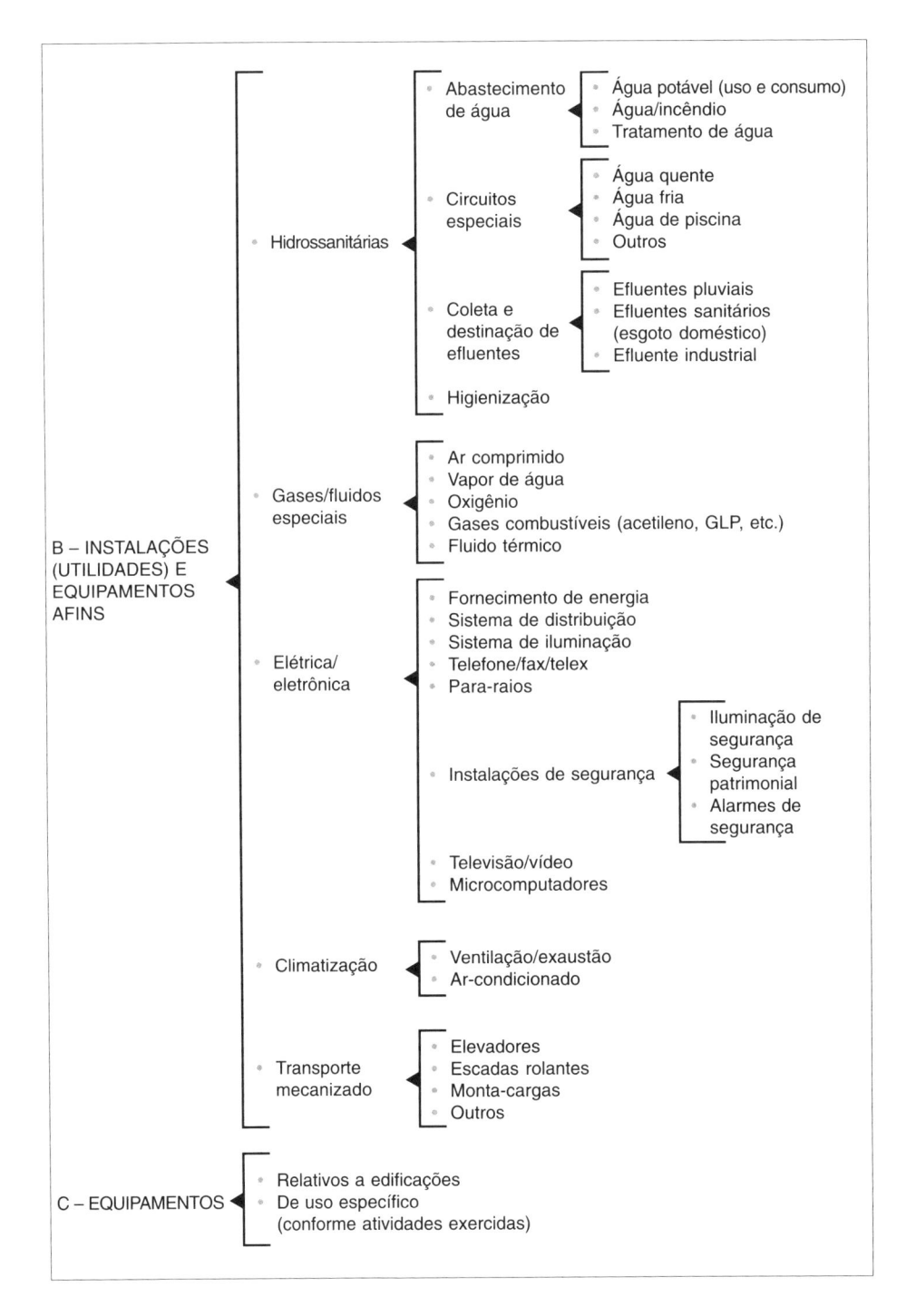

- **B – INSTALAÇÕES (UTILIDADES) E EQUIPAMENTOS AFINS**
  - Hidrossanitárias
    - Abastecimento de água
      - Água potável (uso e consumo)
      - Água/incêndio
      - Tratamento de água
    - Circuitos especiais
      - Água quente
      - Água fria
      - Água de piscina
      - Outros
    - Coleta e destinação de efluentes
      - Efluentes pluviais
      - Efluentes sanitários (esgoto doméstico)
      - Efluente industrial
    - Higienização
  - Gases/fluidos especiais
    - Ar comprimido
    - Vapor de água
    - Oxigênio
    - Gases combustíveis (acetileno, GLP, etc.)
    - Fluido térmico
  - Elétrica/eletrônica
    - Fornecimento de energia
    - Sistema de distribuição
    - Sistema de iluminação
    - Telefone/fax/telex
    - Para-raios
    - Instalações de segurança
      - Iluminação de segurança
      - Segurança patrimonial
      - Alarmes de segurança
    - Televisão/vídeo
    - Microcomputadores
  - Climatização
    - Ventilação/exaustão
    - Ar-condicionado
  - Transporte mecanizado
    - Elevadores
    - Escadas rolantes
    - Monta-cargas
    - Outros
- **C – EQUIPAMENTOS**
  - Relativos a edificações
  - De uso específico (conforme atividades exercidas)

Configuração física básica do hotel

A tabela a seguir descreve, a título de referência, a participação dos serviços em relação ao custo total da obra:

Distribuição percentual de custos em função do padrão dos hotéis

Discriminação	Econômico (%)	Médio (%)	Superior (%)
Obras civis e instalações			
Sondagens, testes e controle tecnológico, serviços preliminares, canteiro, acampamento, materiais e equipamentos de construção	4,41	4,54	4,37
Trabalho em terra e fundações	20,59	11,67	10,37
Estrutura	39,71	22,50	20,00
Alvenaria	incluso no item "Acabamentos"	incluso no item "Acabamentos"	incluso no item "Acabamentos"
Impermeabilização	0,29	0,88	0,94
Portas e ferragens	incluso no item "Ar-condicionado e ventilação"	incluso no item "Ar-condicionado e ventilação"	incluso no item "Ar-condicionado e ventilação"
Divisórias e painéis	1,77	3,24	3,45
Caixilharia e vidros	3,35	5,78	6,16
Acabamentos	6,87	11,42	12,16
Ar-condicionado e ventilação	4,72	7,87	8,14
Instalações elétricas	3,42	5,80	5,93
Instalações hidráulico-sanitárias	2,81	4,81	4,88
Sistema de vapor e combustível	0,38	0,92	0,74
Sistema de combate a incêndio	0,51	1,13	0,96
Escadas rolantes e elevadores	2,15	3,76	5,23
TOTAL 1	90,98	84,32	83,33
Mobiliário, acessórios e equipamento hoteleiro			
Câmaras frigoríficas e central de frio	0,20	0,45	0,48
Equipamentos de cozinha	1,17	1,99	2,13
Equipamentos de lavanderia	0,25	0,52	0,56
Sistemas eletrônicos	2,36	3,91	4,17
Equipamento de segurança	0,08	0,22	0,24
Equipamento para saúde e atendimento médico	0,02	0,15	0,16

(cont.)

Equipamento de piscina	incluso no item "Equipamento para saúde e atendimento médico"	incluso no item "Equipamento para saúde e atendimento médico"	incluso no item "Equipamento para saúde e atendimento médico"
Equipamentos e utilidades para manutenção	0,04	0,18	0,19
Equipamentos diversos	0,45	0,91	0,90
Enxoval, louças, vidros, cristais e pratarias	1,41	2,37	2,52
Mobiliário	3,04	4,99	5,32
TOTAL 2	9,02	15,68	16,67
TOTAL GERAL (1 + 2)	100	100	100

Fonte: Nelson Andrade et al., Hotel: planejamento e projeto *(São Paulo: Editora Senac São Paulo, 2000).*

VISÃO GERAL DA CONFIGURAÇÃO FÍSICA DO HOTEL

No sentido de fornecer uma visão geral dos componentes essenciais da configuração de um hotel, são descritas, a seguir, suas principais partes.

SAGUÃO E *LOBBY*

Trata-se do cartão de visita do hotel, o local onde o hóspede entra, sai, olha, espera, encontra, observa. É a área que tipifica o hotel: o coração do edifício, onde o hóspede tem sua primeira impressão, que em geral é a que permanece.

Justamente por ser área de grande afluência de público, o saguão deve apresentar-se claro, amplo, sem percursos labirínticos, com orientações definidas e fácil visão desde a entrada.

A escolha dos materiais precisa levar em conta durabilidade, caráter de permanência, facilidade e rapidez de limpeza, possibilidade de descoloração, absorção ou reverberação de ruído, sempre considerando o uso intenso e frequente desse local.

A partir da porta de entrada, hóspedes, passantes e visitantes devem visualizar facilmente o balcão da recepção e de informações, a sala de espera, os elevadores sociais, telefones, bares, restaurantes e acessos.

As características recomendadas para esses locais são as seguintes:
- áreas de circulação e acesso claras e desimpedidas;

- bares, restaurantes, lojas e áreas de eventos, sempre que possível, com acesso externo independente;
- espaços livres para circulação dos hóspedes, sem obstáculos e desimpedidos entre a entrada, balcão de recepção, espera e elevadores sociais;
- previsão de espaço em frente ao balcão, ou em local próximo, para grupos de pessoas e bagagens, aguardando procedimentos de *check-in* ou de *check-out*;
- previsão de local de estar para hóspedes e visitantes.

ENTRADA PRINCIPAL, ACESSOS E ESTACIONAMENTO

Todos os pontos de entrada e saída de hóspedes do hotel devem estar claramente definidos para evitar congestionamentos, inconvenientes e riscos de segurança. Conforme o tipo de hotel, a chegada pode ocorrer por diferentes meios de transporte: veículo próprio do hóspede, táxi, ônibus e outros. É fundamental isolar os tipos de acessos distintos:

- hóspedes e passantes;
- convenções;
- empregados;
- entrega de mercadorias;
- lixo.

A entrada de hóspedes deve ser a mais tranquila do hotel, facilmente identificável de dia e de noite, com acesso para pedestres e veículos, e deve conduzir diretamente à recepção.

Próximo à entrada principal deverão ser previstos os postos de controle e cobrança do estacionamento com fácil acesso dos manobristas às garagens.

Os estacionamentos devem ser preferencialmente cobertos ou protegidos por coberturas leves e/ou árvores específicas para sombreamento. Lembrar-se sempre de destinar um pequeno número de vagas no nível de entrada para visitantes de curta permanência. O dimensionamento de vagas do estacionamento está diretamente relacionado ao porte do hotel, características do hóspede e serviços oferecidos. Deve sempre ser prevista uma área para os serviços de táxis.

ÁREA DE HOSPEDAGEM – ANDAR-TIPO

A configuração do andar e do apartamento-tipo depende das necessidades do hóspede, que pertence a um segmento de mercado associado ao projeto do hotel.

A área de hospedagem representa 65% a 85% da área total do hotel, e é sua maior fonte de receita. Nessa área estão localizados os apartamentos e as suítes do hotel, distribuindo-se em pavimentos idênticos ou semelhantes, denominados *andares-tipo*.

A configuração do andar-tipo está associada aos seguintes aspectos:

- composição do tipo de corredor, que pode ser central ou lateral;
- disposição e forma das alas dos apartamentos (formato quadrado, de estrela, retangular, circular, em cruz, com átrio);
- forma das circulações verticais (escadas, rampas e/ou elevadores) de hóspedes e funcionários.

No projeto e construção do andar-tipo devem ser considerados:

- disposição de colunas e pilares, otimizando o uso das áreas para os setores sociais e de eventos, e para o uso adequado do subsolo;
- posicionamento e disposição de escadas, rotas de fuga e saídas;
- dimensionamento correto da área de serviços do andar, prevendo-se a circulação de funcionários, carrinhos da governança e *room service*, rouparia, salas de apoio à manutenção e camareiras, dutos de roupas e sanitários;
- posição das prumadas de circulação social vertical e dos serviços, impactando nos andares inferiores, andar térreo, áreas e instalações de serviços.

Em geral admitem-se corredores com largura mínima de 1,50 m, pelo Código de Obras do município. Em casos excepcionais, autorizados pelos órgãos municipais, deve-se controlar a largura de corredores em relação ao afastamento das paredes e das portas com 0,30 m nas entradas dos apartamentos.

As áreas de serviços e de apoio dos andares são determinadas pela relação direta do número de apartamentos existentes. Em geral, para cada dezesseis unidades habitacionais deve existir uma rouparia de apoio. Essa área precisa ter reservado um local de depósito para a roupa limpa dos apartamentos, outro para a roupa suja, material de limpeza de apartamentos e banheiros, material impresso e de reposição, camas extras, travesseiros e cobertores sobressalentes, utensílios de cozinha, guarda de carrinho, além de uma área destinada às arrumadeiras e uma entrada adequada para o corredor. Recomenda-se que a rouparia se localize no *hall*.

Devem-se prever facilidades para a manutenção dos apartamentos nas instalações elétricas e hidráulicas por meio de prumadas localizadas em túneis, denominados *shafts*. O acesso direto aos *shafts* pelo corredor permite que as atividades de manutenção sejam executadas sem incomodar os hóspedes ou interditar os apartamentos por longos períodos.

ÁREA DE HOSPEDAGEM – APARTAMENTO-TIPO E UNIDADE HABITACIONAL

A Unidade Habitacional (UH) é o espaço atingível a partir das áreas principais de circulação comuns do estabelecimento, destinada à utilização pelo hóspede para seu bem-estar, higiene e repouso (Deliberação Normativa nº 429, de 23-4-2002, Regulamento e Matriz de Classificação dos Meios de Hospedagem e Turismo). As UHs dos meios de hospedagem têm os seguintes tipos:

- **apartamento**: é uma UH constituída, no mínimo, de quarto de dormir de uso exclusivo do hóspede, com local apropriado para guarda de roupas e objetos pessoais, servida por banheiro privativo;
- **suíte**: é uma UH especial constituída de apartamento acrescido de sala de estar.

A UH constitui o produto mais importante e perecível do hotel e representa sua maior fonte de receita. Representa a unidade básica formadora do andar-tipo, também chamado apartamento-tipo. Como elemento de importância física e operacional, deve ser detalhadamente estudado dentro de padrões de economia, adequação ao tipo de hotel, ao segmento de mercado e aos padrões aceitos. Cada detalhe deve merecer atenção especial, a fim de que seu planejamento físico viabilize facilidades das operações de limpeza, manutenção, segurança e de tranquilidade do hóspede.

Considerando sempre o tipo de hotel e o tipo de hóspedes, a UH deverá possuir as seguintes características em seu projeto:

- dimensionamento adequado, possibilitando economia das operações de limpeza e manutenção;

- posicionamento e escolha correta de mobiliário, televisor, frigobar e componentes do quarto;
- previsão e disposição correta de tomadas, telefones e pontos de alimentação de computador, fax e celular;
- iluminação, ventilação e isolamento acústico adequados;
- dimensionamento correto de armários, em função do tipo de hotel;
- disposição e dimensionamento correto das peças sanitárias e do banheiro;
- racionalização das instalações elétricas e hidráulicas, preferencialmente com o uso de prumadas verticais (*shafts*).

Além dos aspectos citados, outro fator a considerar na organização espacial dos apartamentos nos andares refere-se à flexibilidade de reunião de um ou mais módulos, criando ambientes maiores. Em relação às tarefas de limpeza, os padrões consideram a média de quatorze a dezesseis apartamentos por atendente. Recomenda-se a adoção de 30% das unidades habitacionais com apartamentos conjugados. Portas duplas e totalmente calafetadas são fundamentais nos apartamentos para a vedação do som, além da ventilação e boa iluminação dos ambientes.

Os mesmos cuidados na escolha do material para os apartamentos devem ser reiterados em relação aos banheiros, que, em geral, por questões óbvias de economia e facilidade de manutenção, são agrupados dois a dois. Fatores como uso intenso, problemas resultantes de entupimentos, queda de cigarros e rapidez da limpeza nortearão essa escolha. Os banheiros deverão obedecer aos atuais planos de peças sanitárias econômicas e de fácil troca e reposição.

ÁREAS DE CONVENÇÕES E DE EVENTOS

As áreas de convenções e de eventos são importantes na participação das receitas do hotel, interligando-se aos serviços de hospedagem e de alimentos e bebidas.

Essas áreas comportam salas de convenções, festas, bailes, reuniões e auditórios, devendo dispor de acesso independente da entrada principal do hotel, sempre tendo em vista resguardar o hóspede de grandes agrupamentos de pessoas.

As áreas de convenções e eventos são constituídas por salas, salões, *foyer* e instalações de apoio e serviços envolvendo a administração de eventos, cozinha ou copa de distribuição, depósito de móveis e equipamentos, chapelaria, sanitários, microcomputadores ligados à internet, cabines de projeção, tradução simultânea e salas de teleconferência.

De acordo com o grau de sofisticação e com as possibilidades exigidas, uma série de serviços, equipamentos e detalhes especiais precisa ser prevista. Assim, a flexibilidade e a consequente capacidade de subdivisão dos espaços em partes menores ou sua conformação em um ambiente único, aliadas à correta distribuição da circulação de serviço e à utilização de materiais com alta capacidade de absorção do som, revelam-se fatores básicos em seu bom desempenho inicial nas funções primordiais. Além disso, conforme a necessidade, não se podem deixar de lado serviços como fax, microcomputador, telefones, cabines de som, tradução simultânea e equipamentos audiovisuais, praticáveis para palco, fiação elétrica e geradores adequadamente dimensionados para *shows* e outras *performances*, telas de projeção, entre outros.

O planejamento das áreas de convenções deve ainda incluir acessos fáceis tanto para quem está dentro do hotel como para quem vem de fora. O *foyer*, antessala de eventos, é utilizado nas atividades de apoio e deve comunicar-se com o *lobby* para controle dos fluxos.

As características recomendadas para as áreas de convenções e eventos são:

- flexibilidade na composição e distribuição das salas e dos ambientes;
- dimensionamento correto das instalações elétricas, prevendo-se folgas das cargas e conexão com geradores de energia elétrica;
- iluminação com previsão de diferentes tipos de lâmpadas e com múltiplas possibilidades de acionamento e dimerização;
- ar-condicionado que possibilite o controle individualizado dos ambientes, ventilação e troca adequada do ar conforme a ocupação;
- previsão de tomadas de força, de telefone e lógicas espaçadas a cada 3 m ao longo das paredes, no piso e nas colunas das divisórias, tanto no salão como no *foyer*;
- tratamento acústico e térmico das salas projetado de forma que evite a transmissão de ruídos e sons entre salas e adequado a cada tipo de evento e convenção;
- forro com tratamento acústico e que facilite a manutenção das instalações (iluminação, som, combate a incêndio, lógica, ar-condicionado);

- instalações elétricas e de som que prevejam situações especiais e transmissões por televisão ao vivo, com ligações por meio de *shafts* (túneis) de piso ou aéreos.

ÁREAS DE CIRCULAÇÃO

Como regra geral, os valores a adotar no dimensionamento das áreas de circulação são os obtidos durante as demandas de pico na acomodação e outros serviços, sua frequência, sua duração e a quantidade de pessoas envolvidas, entre funcionários e hóspedes. Esses resultados darão ao projetista subsídios para um dimensionamento eficiente dos espaços.

Além disso, as rotas de hóspedes e de serviços precisam ficar separadas, favorecendo a segurança e evitando perturbações. Um planejamento da circulação de serviço que identifique cada operação em sua sequência correta garante boa parcela do sucesso do hotel.

Costuma-se adotar, para cada dois elevadores sociais, situados próximo ao saguão e às escadas, um elevador de serviço, abrindo-se em cada andar para uma área de apoio. No sentido de facilitar o fluxo de carrinhos, o projeto deve prever para o piso um material lavável, antiderrapante, sem degraus, e para as paredes um material resistente que permita a redecoração, além de ventilação, iluminação e acústica adequadas. A circulação e o fluxo de convenções e eventos devem ocorrer preferencialmente por corredores e escadas, evitando-se o uso de elevadores.

Um último ponto a merecer bastante atenção é a conexão entre a circulação de serviços e a de hóspedes. Os parâmetros de segurança e rotas de fuga devem ser efetivamente consultados em qualquer situação; soluções que incluem serviços e circulação vertical em núcleos estruturais têm oferecido bom resultado.

ÁREAS DE BARES E RESTAURANTES

Os bares e restaurantes estão presentes em todos os hotéis e *flats*, com exceção de alguns hotéis econômicos e de baixo padrão. Sua posição deve estar integrada ao *lobby* e com acesso para a rua, sendo seu porte e suas características definidos de acordo com a demanda requerida e o estudo de mercado.

Normalmente, o bar e o restaurante têm seu apoio de serviço na cozinha, cambuza (copa de apoio) ou em espaços e terminais interligados com a cozinha principal. A proximidade da cozinha com o bar e o restaurante é um fator favorável, bem como a localização no mesmo nível.

Não há regras para o dimensionamento de restaurantes, porém recomenda-se economicamente um número de cem lugares. Uma alternativa de menor porte para refeições leves e rápidas, com preços moderados e serviços ininterruptos, é o *coffee-shop*. Nesse local são servidos cafés da manhã, almoços, jantares e lanches rápidos. Suas instalações devem estar situadas nas cercanias do saguão e ser de fácil acesso, com dimensionamento de cem a 120 lugares sentados e dispostos em mesas de dois e quatro assentos.

Os bares, normalmente, estão localizados próximos aos restaurantes e ao *lobby* principal, dispondo de cinquenta a sessenta lugares, com quinze a vinte lugares no balcão e o restante ao redor das mesas. Os bares menores mantêm essas proporcionalidades.

As características físicas de bares e restaurantes são as seguintes:

- dimensionamento de acordo com o mercado e o hotel;
- espaço para mesas e circulação dimensionado de acordo com o padrão do hotel e do restaurante;
- decoração e tratamento de interiores diferenciados e de acordo com a identidade do restaurante e seu cardápio;
- dimensionamento e projeto físico flexíveis das mesas para atender a grupos variados, permitindo junções e separações sem perturbações e prejuízo na qualidade do serviço;
- mobiliários, decoração e materiais de pisos e paredes com tratamento que facilite a limpeza, manutenção e higiene, respeitando as características ergonômicas;
- projetos de iluminação, acústico, isolamento térmico, ventilação e ar-condicionado compatíveis com o ambiente e dentro das normas técnicas.

ÁREAS SOCIAIS, DE LAZER E DE RECREAÇÃO

As áreas sociais, de lazer e de recreação variam conforme a localização, o tipo, o padrão e o porte do hotel. Além disso, consideram-se as possibilidades de mercado.

Nos hotéis de cidade e de negócios essas áreas são destinadas a salas de ginástica, sauna, massagens e piscinas. Em alguns hotéis, esse conjunto de instalações forma um *health club*. Outras áreas de recreação estão relacionadas aos jogos de salão, jogos eletrônicos, bilhar, baralho, pebolim (totó), pingue-pongue e outros.

Em hotéis de maior porte, não centrais e do tipo *resort*, encontram-se quadras esportivas e poliesportivas, quadras de *squash*, tênis, voleibol, basquete, campos de futebol (com grama natural e artificial) e de golfe. Em algumas modalidades, encontram-se praias, braços de mar, áreas à beira de lagos e represas, e marinas.

Nessas áreas sociais também estão localizadas as lojas e bancas do hotel envolvendo a venda de *souvenires*, revistas, livros e jornais, cigarros, charutos, produtos de higiene pessoal e roupas. Englobam as agências de viagens, locação de veículos, cabeleireiro, barbeiro, podólogo, joalherias.

ÁREAS DE SERVIÇO

A eficiência e a eficácia das áreas de serviço e de apoio (*back-office*) são uma importante referência para garantia da qualidade total e excelência dos serviços prestados pelo hotel.

São fundamentais o correto projeto e o dimensionamento dos "bastidores" do hotel, pois representam o grande diferencial de serviços percebidos pelo hóspede.

As características necessárias dessas áreas são:

- dimensionamento e distribuição de acordo com o porte do hotel;
- facilidade de transporte, comunicação e supervisão;
- pontos de conexão com o hóspede, prestadores de serviços e outros;
- praticidade na limpeza, segurança e manutenção;
- respeito às condições de conforto térmico, ventilação, iluminação, proteção contra ruídos e riscos ambientais;
- minimização da distância entre os serviços oferecidos aos hóspedes, funcionários e colaboradores (refeição, lazer, descanso, integração e assistência social);
- respeito às normas vigentes da legislação, com destaque para as Normas Regulamentadoras (NRs) do Ministério do Trabalho.

As áreas de serviço básicas de um hotel são: instalações para funcionários, recebimento, triagem e despacho (também chamadas de *docas* para carga e descarga), preparo de alimentos, governança (lavanderia, limpeza, enxoval e rouparia), automação predial (CFTV, segurança, som e controle da movimentação física do hotel), manutenção e áreas secundárias.

- **Instalações para colaboradores**. As instalações principais envolvem vestiários, sanitários e refeitórios. Essas áreas devem ser adequadamente dimensionadas e projetadas de acordo com o porte do hotel e as características dos colaboradores.

- **Recebimento, triagem e despacho (docas de carga e descarga)**. Nos hotéis existe uma variedade enorme de movimentação de bens destinados ao consumo dos hóspedes e frequentadores. Os itens movimentados estão relacionados à operação e manutenção das atividades hoteleiras, ou seja, alimentos e bebidas, enxovais, produtos de higiene e limpeza, materiais de manutenção e outros. A área de recebimento e despacho compreende:
  - área para estacionamento e movimentação de veículos;
  - plataforma para carga, conferência e descarga;
  - área exclusiva para triagem de gêneros alimentícios;
  - escritório e posto de controle;
  - depósitos e compartimentos para lixo seco e câmaras frigoríficas para lixo úmido;
  - depósito para papéis, caixas, madeiras e vasilhames.

- **Armazenagem de alimentos e bebidas**. Essa área deve ter setores separados para alimentos secos, refrigerados (alimentos frescos de 0 °C a 2 °C; vegetais e legumes de 4 °C a 6 °C) e congelados (–20 °C para armazenagem prolongada). Existem câmaras frigoríficas modulares que fornecem flexibilidade de porte e arranjos.

- **Preparo de alimentos**. É uma área muito importante; deve preferencialmente ser centralizada, atendendo a todas as cozinhas de preparo de diferentes tipos de alimentos (carnes, peixes, verduras, pães, doces e outros). Essa área exige vários sistemas de instalação: água quente e fria, vapor, gás, eletricidade, ventilação, ar-condicionado e exaustão forçada. Em geral, no preparo de alimentos há os seguintes setores:
  - cocção básica;
  - despensa e câmaras frigoríficas de uso diário;

- preparo de saladas e pratos finos;
- higienização;
- serviço de quarto (*room service*);
- padaria e confeitaria;
- preparo final;
- bar central;
- sala de administração.

- **Governança (lavanderia, limpeza, enxoval e rouparia)**. É outra área de efetiva importância e de avaliação direta do hóspede. A governança é responsável pela lavanderia, onde o processamento de roupas e enxovais é efetuado com o uso de lavadoras extratoras, secadoras, instalações de lavagem a seco, tira-manchas, calandras e outros.

  Deve ser dada especial atenção às condições de ventilação e exaustão do ambiente e ao tratamento do esgoto gerado pela água, sabão e produtos químicos usados.

  A governança cuida da faxina e limpeza dos apartamentos e áreas sociais e do movimento das roupas de cama, mesa e banho envolvendo toda a rouparia dos andares.

  Em geral a lavanderia recebe as roupas usadas pelos apartamentos e áreas do hotel em carrinhos ou por dutos dos andares. As roupas de mesa do restaurante são conduzidas em carrinhos apropriados.

- **Automação predial**. É o setor que centraliza o controle e supervisão de todas as atividades operacionais do hotel. Possui uma central de televisão e câmeras (CFTV), controla entrada e saída de hóspedes no hotel e nos apartamentos e monitora a energia e insumos utilizados (energia elétrica, água e gás). Em alguns hotéis a central telefônica e a de som estão acopladas à automação.

- **Manutenção, *facilities* e engenharia**. Trata-se de uma área vital e de importância estratégica para operações e controle dos custos do hotel. Abrange as atividades de manutenção corretiva e preventiva, engenharia, facilidades e controle de toda a infraestrutura física do hotel. Inclui todas as oficinas de serviços e de apoio às atividades de terceiros e prestadores de serviços.

ÁREAS TÉCNICAS E DE EQUIPAMENTOS

As áreas técnicas e de equipamentos estão associadas aos sistemas e instalações responsáveis por todo o funcionamento do hotel. Normalmente todos esses sistemas devem funcionar, ininterruptamente, 24 horas por dia.

Os principais sistemas constituintes das áreas técnicas e de equipamentos são:

- **Sistema de produção e suprimento de energia elétrica.** A produção e o suprimento de energia elétrica são feitos em dupla, média e baixa tensão. A transformação da alta tensão para média e baixa é efetuada em subestações rebaixadoras (primárias e secundárias). Essas cabines localizam-se próximas aos principais centros de carga do hotel (lavanderia, cozinha, central de ar condicionado, centro de comando de motores).

- **Sistema de distribuição de energia elétrica.** O sistema de distribuição, normalmente de baixa tensão, é constituído por prumadas para distribuição vertical formadas por barramentos (normal e de emergência), quadros de distribuição, cabos e fiação de força e controle, e quadros de iluminação.

- **Sistemas de emergência.** Esses sistemas respondem pela iluminação de emergência, elevadores, sistema contra incêndio, controle de segurança, refrigeração, bombas-d'água e utilidades prioritárias. Nesses sistemas de emergência estão os *no-breaks*, responsáveis pela operação dos equipamentos no intervalo de tempo entre a falta de energia e a alimentação do gerador de emergência.

- **Sistemas de iluminação, interruptores e tomadas de força.** A iluminação é distribuída nos diversos setores do hotel e medida em *lux*. Os interruptores e tomadas de força estão instalados nas respectivas áreas em tomadas de 220 V, 110 V e, em certos casos, 380/220 V trifásicos.

- **Sistemas eletrônicos, supervisão e controle.** Relacionados aos modernos sistemas de automação e informatização, atendem ao conforto do hóspede, ao controle e operação de serviços e à segurança de hóspedes e instalações.

- **Sistema telefônico, radiobusca (BIP) e radiocomunicação.** Constituído pela central telefônica, equipamentos de comutação, retificadores e DG. O sistema de radiobusca (BIP) permite a localização imediata de pessoas ou grupos de pessoas, assim como o sistema de radiocomunicação (*walkie-talkie*).

- **Sistema de som, TV, relógios, acessos e registros de ponto**. Esses sistemas permitem a comunicação e o controle dos diversos setores do hotel. O sistema de som permite a comunicação sonora com todos os recintos. O sistema de TV envolve o circuito fechado (CFTV) e o sistema interno por meio de cabo ou satélite. Os relógios destinam-se ao controle de horas com base em uma central com um relógio primário, que faz a geração dos pulsos de excitação/correção. O controle de acesso e registro de ponto são responsáveis pela automação desses processos.
- **Sistemas de projeção, áudio e teleconferência**. Normalmente são instalados nas áreas de eventos e convenções, sendo voltados para a projeção de filmes, audiovisuais, TV e teleconferências.
- **Sistema de lógica e cabeamento de informática**. Responsável pela interligação dos computadores e sistemas informatizados do hotel e pelo cabeamento lógico e de informática.
- **Sistema de água fria, água quente e esgotos**
- **Sistema de ar condicionado, ventilação e refrigeração**
- **Sistemas de proteção contra incêndio**

ÁREAS SECUNDÁRIAS

Embora adjetivadas como secundárias, tais áreas revelam-se indispensáveis à estrutura do hotel, pois garantem um bom desempenho operacional. Consistem basicamente nas áreas destinadas a estoque de cadeiras, mesas, aparelhos de TV, roupa branca, bebidas, comidas secas ou frias, carne, queijo, verduras, além de espaços para reparação de peças, como marcenaria, carpintaria, oficina de manutenção, de pintura, de material elétrico, entre outros. Todas essas áreas devem atender às normas de segurança, ventilação, refrigeração e iluminação adequadas a cada atividade.

COMPARAÇÃO FÍSICA DOS HOTÉIS

A título de ilustração, segue-se uma tabela comparativa do porte e das instalações existentes nos vários tipos de hotéis brasileiros.

	Micro/ pequeno	Médio	Grande	Internacional
Unidades habitacionais	1 a 50 UH	51 a 200 UH	201 a 500 UH	mais de 500 UH
Tipo de edificação	Horizontal, poucos pavimentos	Horizontal ou vertical	Vertical	Vertical
Tempo de construção	Em até 12 meses	Em até 24 meses	Em até 30 meses	Mais de 30 meses
Número de funcionários	Menos de 80	80 a 200	150 a 320	Mais de 300
Instalações	1 restaurante, 1 bar, 1 cozinha	1 restaurante, 1 *coffee-shop*, 1 bar, salas de reunião, cozinha central	2 restaurantes, 1 *coffee-shop*, 2 bares, salas de reunião, cozinha central e copas	Vários restaurantes, 1 *coffee-shop*, vários bares, centro de convenções, cozinha central e copas
Força	Com ou sem cabine primária	Cabine primária de 1.000 kVA	Cabine primária de 1.000 kVA a 1.800 kVA	Cabine primária de alta tensão
Ar- -condicionado	Aparelhos individuais	Ar-condicionado de menos de 80 toneladas na área comercial; aparelhos individuais nas UH	Ar-condicionado central (sistema de água gelada)	Ar-condicionado central (sistema de água gelada)
Gerador de emergência	Gerador pequeno opcional	Gerador obrigatório	Dois geradores	Central de energia elétrica
Sistemas de prevenção de incêndio	Sinalização, extintores	Sinalização, extintores, hidrante	*Sprinklers*, compartimentação, sinalização, extintores, hidrante	*Sprinklers*, compartimentação, sinalização, extintores, hidrante

Fonte: David Lord Tuch & Mauro Motoda, "Planejamento e desenvolvimento de hotéis" (São Paulo: Senac, CET), apostila, 1993.

A seguir apresentamos o croqui geral e as principais plantas de um complexo hoteleiro, com suas respectivas distribuições de áreas:

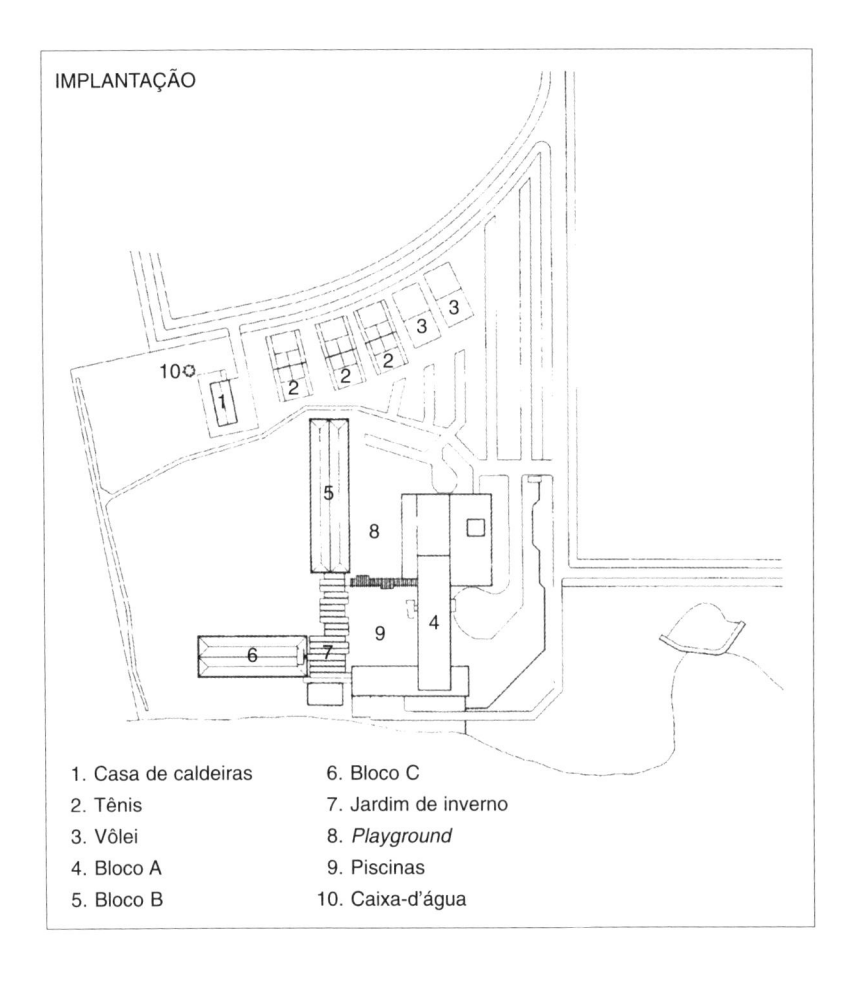

IMPLANTAÇÃO

1. Casa de caldeiras
2. Tênis
3. Vôlei
4. Bloco A
5. Bloco B
6. Bloco C
7. Jardim de inverno
8. *Playground*
9. Piscinas
10. Caixa-d'água

PLANTA DO PAVIMENTO TÉRREO

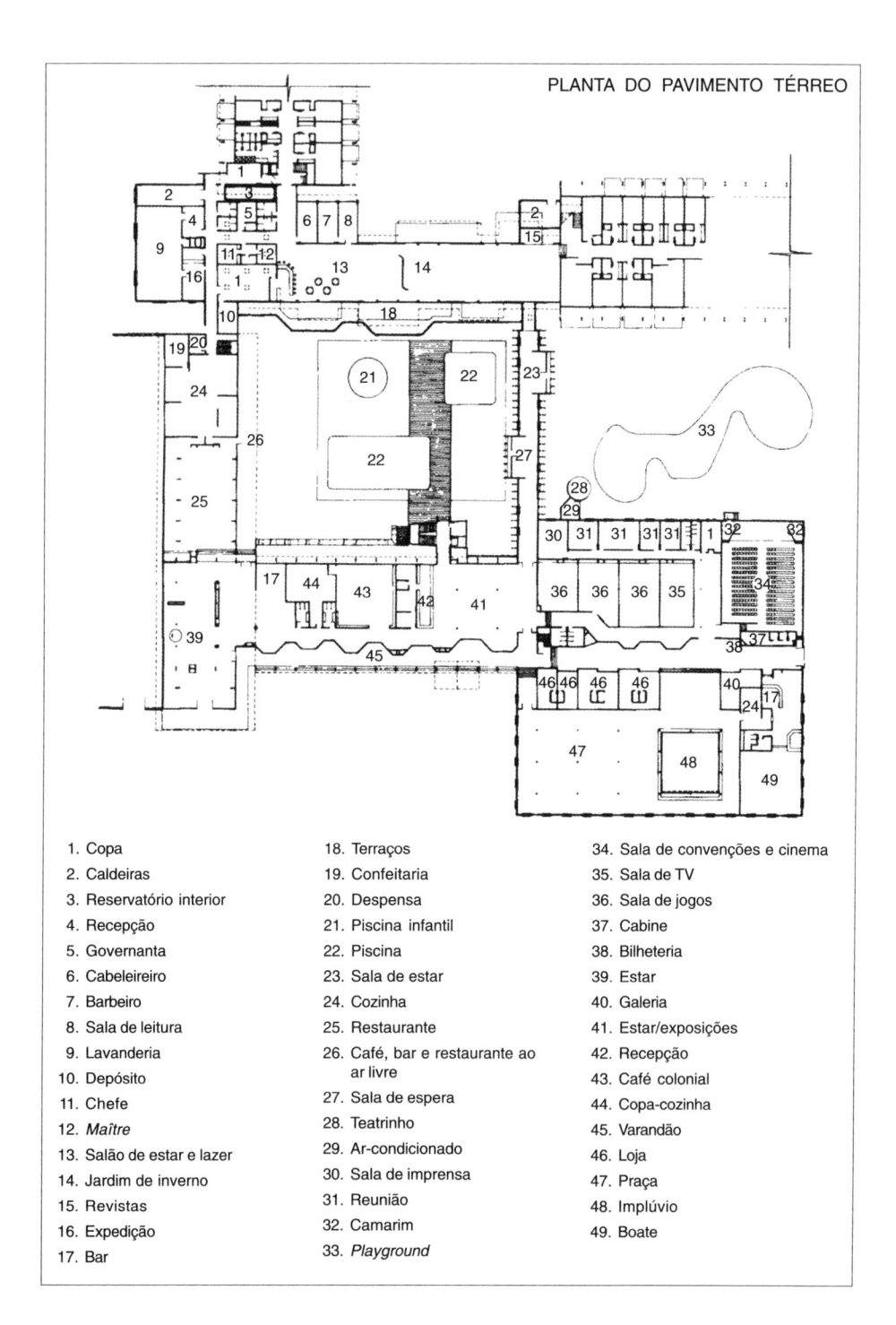

1. Copa
2. Caldeiras
3. Reservatório interior
4. Recepção
5. Governanta
6. Cabeleireiro
7. Barbeiro
8. Sala de leitura
9. Lavanderia
10. Depósito
11. Chefe
12. *Maître*
13. Salão de estar e lazer
14. Jardim de inverno
15. Revistas
16. Expedição
17. Bar
18. Terraços
19. Confeitaria
20. Despensa
21. Piscina infantil
22. Piscina
23. Sala de estar
24. Cozinha
25. Restaurante
26. Café, bar e restaurante ao ar livre
27. Sala de espera
28. Teatrinho
29. Ar-condicionado
30. Sala de imprensa
31. Reunião
32. Camarim
33. *Playground*
34. Sala de convenções e cinema
35. Sala de TV
36. Sala de jogos
37. Cabine
38. Bilheteria
39. Estar
40. Galeria
41. Estar/exposições
42. Recepção
43. Café colonial
44. Copa-cozinha
45. Varandão
46. Loja
47. Praça
48. Implúvio
49. Boate

PLANTA DO SUBSOLO

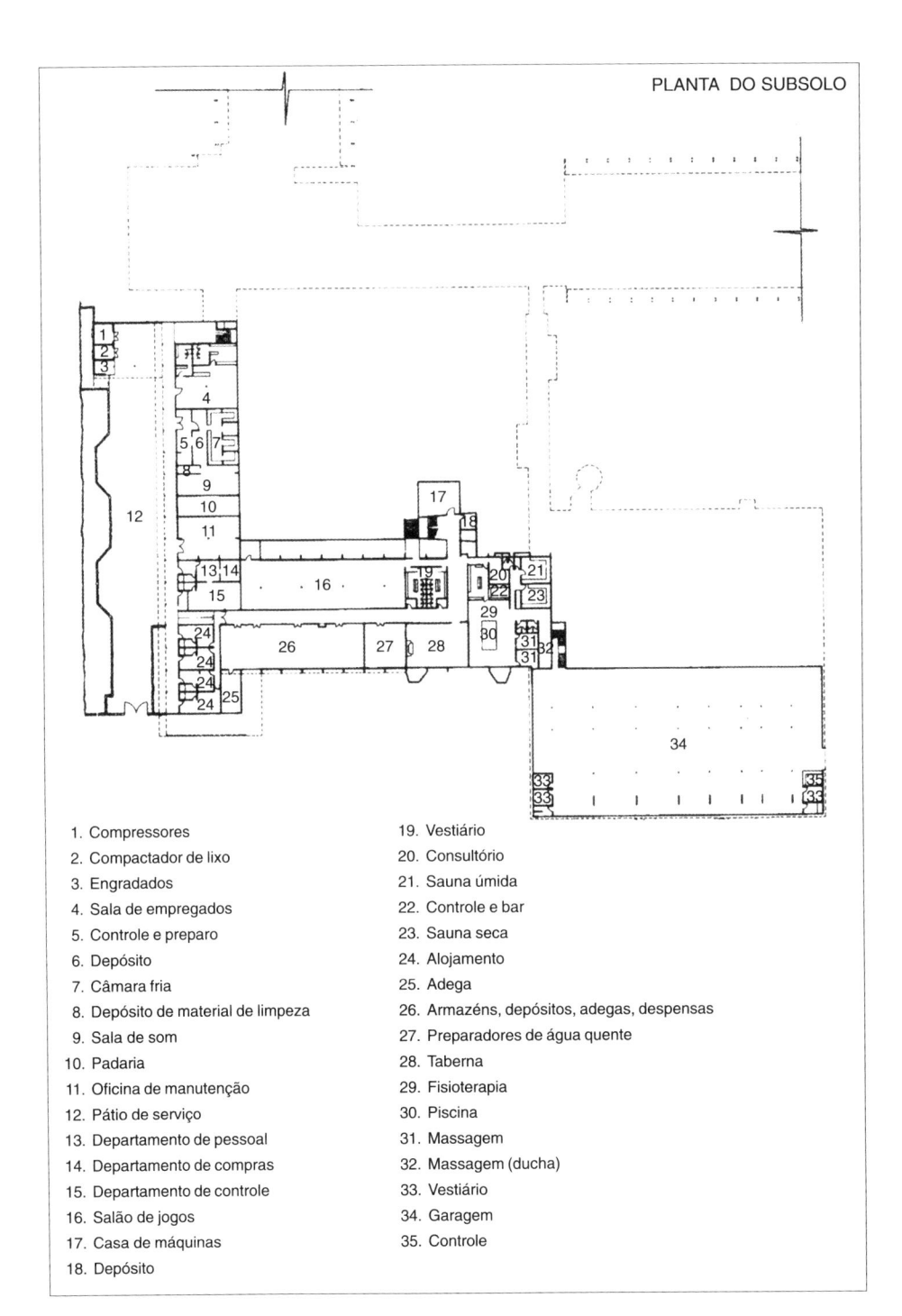

1. Compressores
2. Compactador de lixo
3. Engradados
4. Sala de empregados
5. Controle e preparo
6. Depósito
7. Câmara fria
8. Depósito de material de limpeza
9. Sala de som
10. Padaria
11. Oficina de manutenção
12. Pátio de serviço
13. Departamento de pessoal
14. Departamento de compras
15. Departamento de controle
16. Salão de jogos
17. Casa de máquinas
18. Depósito
19. Vestiário
20. Consultório
21. Sauna úmida
22. Controle e bar
23. Sauna seca
24. Alojamento
25. Adega
26. Armazéns, depósitos, adegas, despensas
27. Preparadores de água quente
28. Taberna
29. Fisioterapia
30. Piscina
31. Massagem
32. Massagem (ducha)
33. Vestiário
34. Garagem
35. Controle

Configuração física básica do hotel

DISTRIBUIÇÃO DAS ÁREAS PARA A MANUTENÇÃO HOTELEIRA

Eis a seguir as principais definições, pelo prisma da engenharia de manutenção hoteleira, da configuração física do hotel.

ÁREA OPERACIONAL

É definida como uma parcela do sistema operacional da empresa determinada por um serviço específico. Como exemplo, há dentro de um hotel seis grandes áreas operacionais com serviços específicos:

- hospedagem;
- alimentos e bebidas;
- recreação e lazer;
- técnicas de equipamentos e infraestrutura;
- administração e apoio;
- convenções e eventos.

SUBÁREA OPERACIONAL

É a subdivisão de uma área que realiza uma função operacional específica na empresa. Como exemplo, dentro da área de hospedagem há as seguintes subáreas:

- recepção;
- governança;
- lavanderia;
- rouparia;
- telefonia;
- contas correntes.

A tabela a seguir apresenta um modelo de distribuição de áreas e subáreas no hotel.

Áreas	Subáreas
Hospedagem	Recepção
	Governança
	Lavanderia e rouparia
	Telefonia
	Contas correntes
Alimentos e bebidas	Cozinha
	Restaurante
	Bar
	Lanchonete e *coffee-shop*
Lazer e recreação	Quadras
	Salões de jogos
	Piscinas
	Jardins
Técnicas de equipamentos e infraestrutura	Manutenção
	Engenharia
	Utilidades: energia elétrica, água fria e quente, vapor e ar condicionado
	Sistemas de automação e supervisão
Administração e apoio	*Marketing* e vendas
	Reservas
	Administração geral
	Finanças e controladoria
	Almoxarifado e compras
	Contabilidade
Convenções e eventos	*Foyer* e apoio
	Salas de convenções
	Salas de eventos
	Teatro
	Administração e vendas

Essas divisões do hotel em áreas e subáreas podem ser usadas como centros de custos ou de "resultados".

DISTRIBUIÇÃO DAS ÁREAS FÍSICAS DO HOTEL

Outra classificação para as áreas do hotel pode ser estabelecida de acordo com o critério físico:

- área de hospedagem;
- área social;
- área comercial;

- área da administração;
- área de serviços;
- área técnica e de equipamentos;
- área de lazer e recreação;
- área de uso geral.

ÁREAS DE HOSPEDAGEM

- **Andar-tipo de hospedagem**
  - *hall* dos elevadores de serviço
  - rouparia e WC do andar
  - *hall* dos elevadores de hóspedes
  - circulação
  - apartamentos simples
  - *studios*
  - suítes simples
  - suítes especiais
  - suíte presidencial
  - apartamentos dúplex
- **Serviços previstos para os apartamentos e suítes**
  - frigobar
  - geladeira
  - televisão
  - televisão a cabo
  - condicionador de ar individual
  - condicionador de ar central
  - *sprinkler* no apartamento
  - *sprinkler* nos corredores do andar
  - detector de fumaça
  - água quente
  - canais de som

- telefone interno
- telefone externo
- *room service*
- troca diária de roupa de cama
- troca diária de roupa de banho
- serviço de mordomo no andar

ÁREAS SOCIAIS

- **Lobby**
  - portaria (*bell captain*)
  - atendimento
  - mensageiro
  - correio
  - sanitários masculino e feminino
  - telefones públicos
  - telefones
  - chamadas internas
- **Front office**
  - balcão de recepção
  - *concièrge* (informações, espetáculos, *tours*, etc.)
  - caixas
  - cofres de segurança
  - depósito de bagagem
  - área de apoio e mensageiros
  - sala do gerente de recepção
  - sala do gerente de crédito
  - sala de espera e secretária
  - sala do CPD
  - sala dos analistas do CPD
  - sala do *controller*

- sanitário
- **Áreas de estar**
  - salas de estar
  - salas de leitura
  - sala de TV
  - salão de exposições
  - salas VIP com sanitários masculino e feminino
- **Restaurantes e bares**
  - piano-bar
  - restaurante de luxo
  - restaurante típico 1
  - restaurante típico 2
  - *coffee-shop*
  - restaurante infantil
  - bar da piscina
  - *lobby* bar
  - *night club* e respectivas instalações
  - salão de chá
  - salas de almoço privativas
- **Área de eventos**
  - *foyer*
  - sanitários masculino e feminino
  - chapelaria
  - telefones públicos
  - áreas de apoio a eventos
  - área de vendas de eventos
  - salão nobre
  - salas de reunião
  - cabine de som e projeção
  - cabines de tradução simultânea

- área de exposições
- depósitos de móveis
- **Auditório/teatro**
  - bilheteria
  - *foyer*
  - sanitários masculino e feminino
  - sala de som e projeção
  - cabines de tradução simultânea
  - camarins masculino e feminino
  - plateia
  - palco
  - depósito de móveis

ÁREA COMERCIAL

- **Lojas**
  - floricultura
  - jornais e revistas
  - *bonbonnière*
  - tabacaria
  - agência de turismo
  - aluguel de carros
  - loja de artigos masculinos
  - loja de artigos femininos
  - artigos infantis
  - artigos esportivos
  - joalheria
  - galeria de arte
  - artigos regionais
  - agência bancária
  - loja de artesanato

- **Escritórios de aluguel**
  - secretaria
  - central de comunicações
  - central de reproduções
  - salas de reunião
  - sanitários masculino e feminino
  - copa de apoio

ÁREA DA ADMINISTRAÇÃO

- Recrutamento e seleção de pessoal
- Ambulatório médico
- Departamento de pessoal
- Agência bancária
- Seção de compras
- Contabilidade
- Setor de reservas
- Salas da gerência (geral, A&B, patrimônio, *controller*, etc.)
- Salas de reunião
- Secretaria
- Sanitários
- Departamento de *marketing*
- Departamento de vendas
- Salas de treinamento de pessoal
- Sala de segurança

ÁREA DE SERVIÇOS

- **Entrada e portaria**
  - portaria de serviço
  - controle de funcionários
  - relógio de ponto
  - segurança

- protocolo
- vestiário e sanitário masculinos
- vestiário e sanitário femininos
- vestiário do *staff* masculino
- vestiário do *staff* feminino
- rouparia dos funcionários
- refeitório dos funcionários
- sala de descanso
- **Área de recebimento**
  - doca de carga e descarga
  - controle de recebimento
  - área de triagem
  - balança
  - depósito de vasilhames
  - depósito de lixo seco
  - câmara frigorífica de lixo úmido
- **Armazenamento**
  - almoxarifado de alimentos
  - almoxarifado de bebidas
  - adega climatizada
- **Área de pré-preparo**
  - área de pré-preparo de alimentos
  - câmara frigorífica (carnes)
  - câmara frigorífica (peixes)
  - câmara frigorífica (congelados)
  - câmara frigorífica (frutas e verduras)
  - câmara frigorífica (laticínios)
- **Cozinha principal**
  - câmaras frigoríficas de uso diário
  - área de cocção básica

- preparo de saladas e sobremesas
- padaria e confeitaria
- higienização de panelas
- controle do *room service*
- higienização de louças
- área de distribuição
- cozinhas terminais
- bar central
- caixas
- escritório do chefe de cozinha
- sanitários do pessoal de cozinha
- **Cozinha de banquetes**
  - câmaras frigoríficas
  - fritadeiras e fornos
  - higienização
  - carros-estufas
  - área de montagem de pratos
  - área de lavagem de louças
  - depósito de louças, cristais e prataria
  - área de distribuição de pratos
- **Cozinha de apoio**
  - cozinha terminal
  - câmaras frigoríficas (uso diário)
  - higienização de louças e panelas
  - controle
- **Almoxarifado**
  - controle
  - panos, pratarias, louças, cristais
  - material de limpeza
  - material de consumo dos hóspedes

- material de manutenção
- material de escritório
- móveis e estofados
- cortinas e carpetes
- máquinas e ferramentas
- **Recebimento**
  - duto de roupa suja
  - área de recebimento e triagem
- **Lavanderia**
  - lavadoras/extratoras
  - secadoras
  - calandra
  - máquinas de passar
  - sala de costura
  - estacionamento de carrinhos
  - depósito de roupa limpa
  - sala do chefe da lavanderia
  - equipamento de vácuo e ar comprimido
- **Governança**
  - sala do chefe de governança
  - depósito de material de limpeza

ÁREAS DE MANUTENÇÃO

- Chefe da manutenção e escritório
- Almoxarifado de manutenção
- Refrigeração
- Hidráulica
- Elétrica
- Marcenaria
- Estofados

- Jardinagem
- Serralharia, chaparia
- Pintura
- Reparos

ÁREA DOS EQUIPAMENTOS

- **Sistema de água**
  - reservatório inferior
  - poço profundo
  - casa de bombas
  - reservatório superior
  - estação de tratamento de água
  - tratamento de água das piscinas
- **Sistema de esgotos**
  - estação de tratamento de esgotos
  - estação elevatória de esgotos
- **Caldeiras**
  - baixa pressão
  - alta pressão
  - água quente
- **Sistema de ar condicionado**
  - central de água gelada
  - torres de resfriamento
  - condicionadores de ar
  - exaustores
- **Combustíveis**
  - tanques de óleo *diesel*
  - central de gás
  - tanque de gasolina

- **Grupo gerador de emergência/sistema de energia elétrica**
  - sala dos transformadores
  - cabines de medição
  - salas dos quadros elétricos
- **Sistemas eletrônicos**
  - central telefônica
  - sala das telefonistas
  - sanitário e sala de descanso
  - central de som
  - central de BIP
  - circuito fechado de TV
  - sala do CPD
  - central de controle operacional dos sistemas (CCO)

ÁREAS DE RECREAÇÃO

- **Fisioterapia/ginástica**
  - controle
  - sauna seca, sauna a vapor
  - ducha escocesa
  - ducha circular
  - chuveiros especiais
  - turbilhão
  - piscina de água ozonizada
  - aparelhos de ginástica
  - sala de estar e bar
  - bar da sauna
  - mecanoterapia
  - massagens
  - repouso

- **Anexo da fisioterapia**
  - barbearia
  - cabeleireiro
  - salão de beleza
  - bar
  - sanitários e vestiários masculino e feminino
- **Esportes**
  - controle e rouparia
  - parque aquático
  - piscina para adultos
  - piscina infantil
  - bar molhado
  - vestiários e sanitários masculino e feminino
  - quadras de *squash*
  - quadra de tênis
  - quadra poliesportiva
  - campo de golfe (ou minigolfe)
  - outros
- **Jogos**
  - salão de jogos
  - salão de jogos infantis
  - salão de bilhar
  - jogos eletrônicos
- **Cassino e respectivas instalações/parques e jardins**
  - minizoológico
  - bosque
  - cavalariça
- **Esportes náuticos**
  - marina e respectivas instalações
  - aluguel de equipamentos náuticos

- ancoradouro de barcos
- **Transportes**
  - controle do estacionamento
  - sala dos manobristas
  - sanitário dos manobristas
  - terminal de ônibus
  - heliponto

DIAGRAMAS FUNCIONAIS E OPERAÇÕES HOTELEIRAS

Apresentam-se a seguir os diagramas funcionais* representativos das principais operações hoteleiras em cada área do hotel.

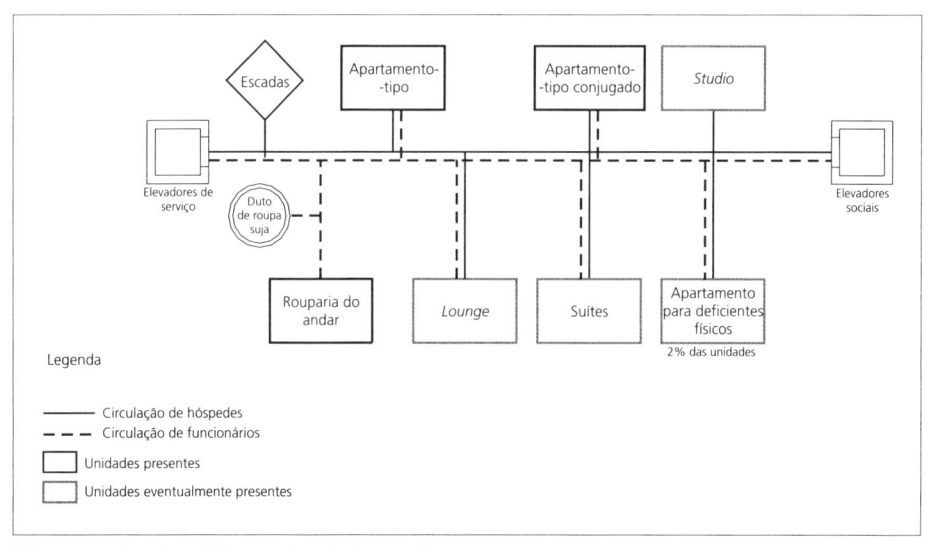

Diagrama funcional 1 – andar de hospedagem

---

* Diagramas funcionais extraídos de Nelson Andrade *et al.*, *Hotel: planejamento e projeto* (São Paulo: Editora Senac São Paulo, 2000).

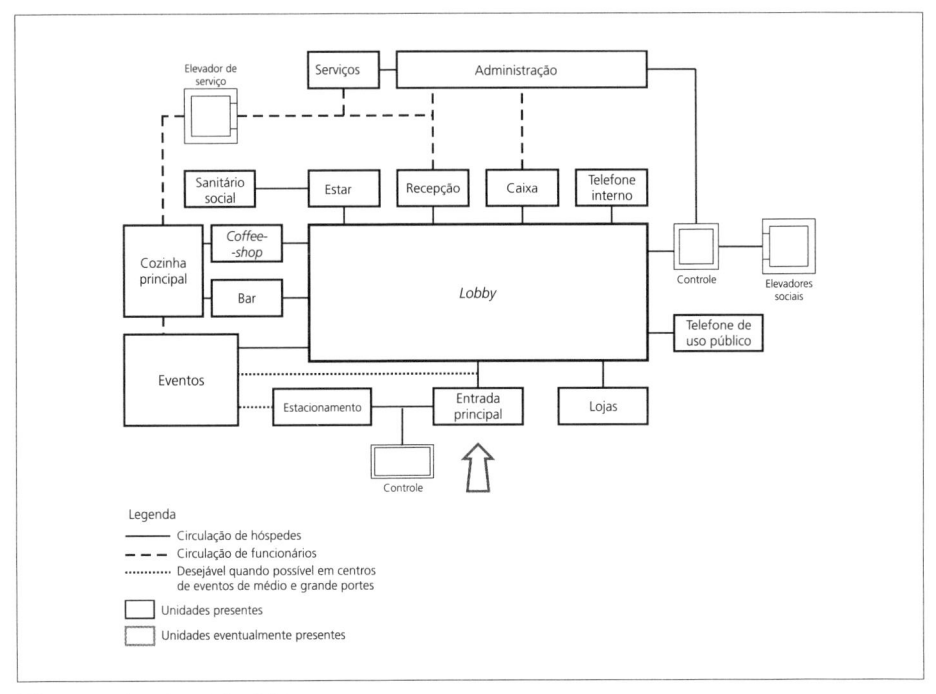

Diagrama funcional 2 – lobby

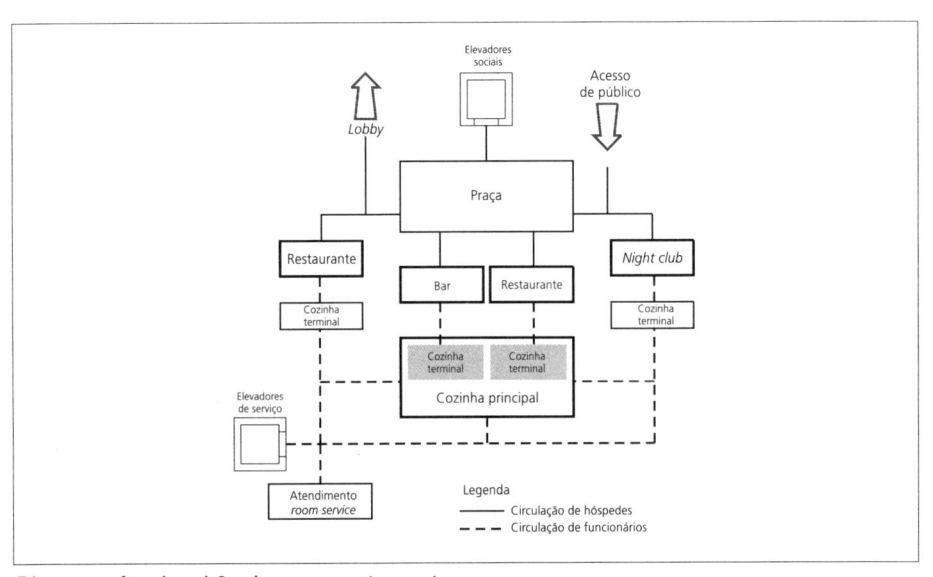

Diagrama funcional 3 – bares e restaurantes

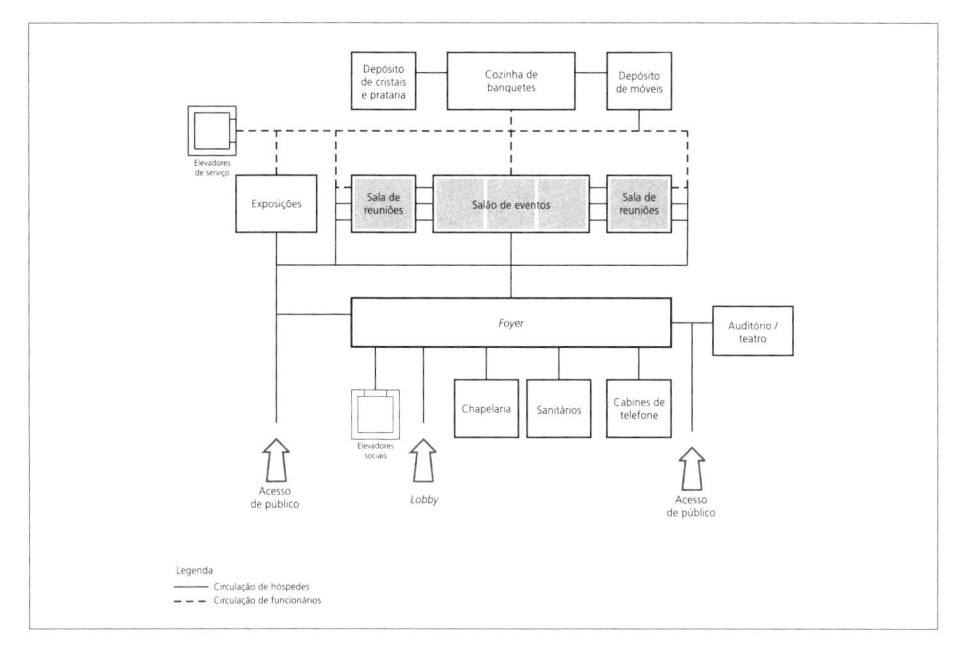

Diagrama funcional 4 – área de eventos

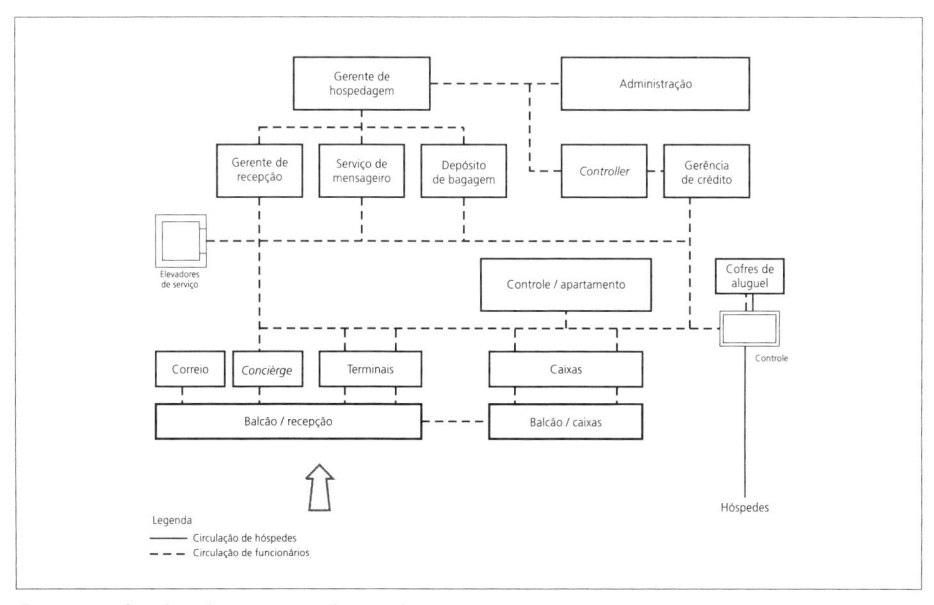

Diagrama funcional 5 – recepção e caixas

Configuração física básica do hotel

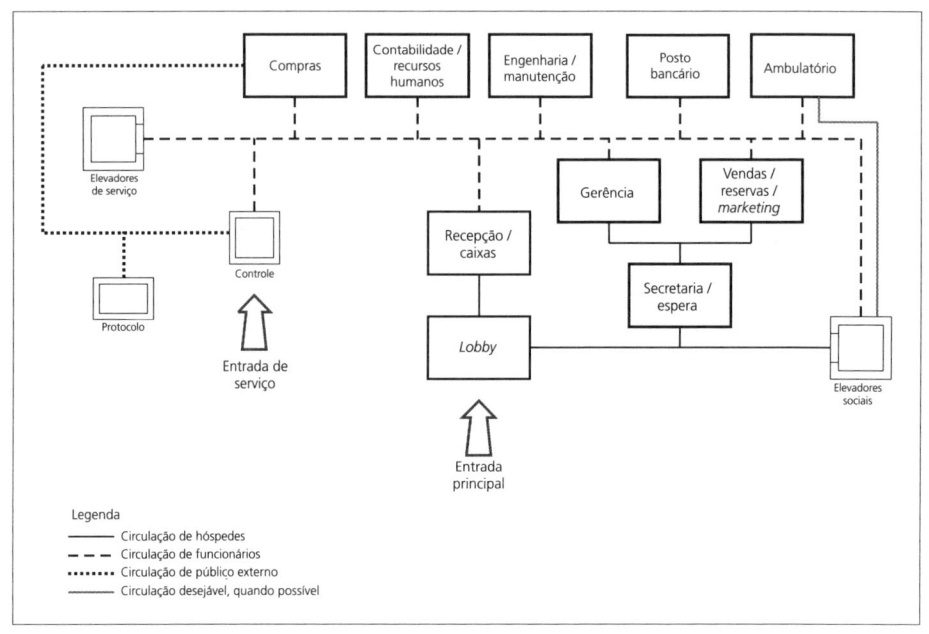

Diagrama funcional 6 – áreas administrativas

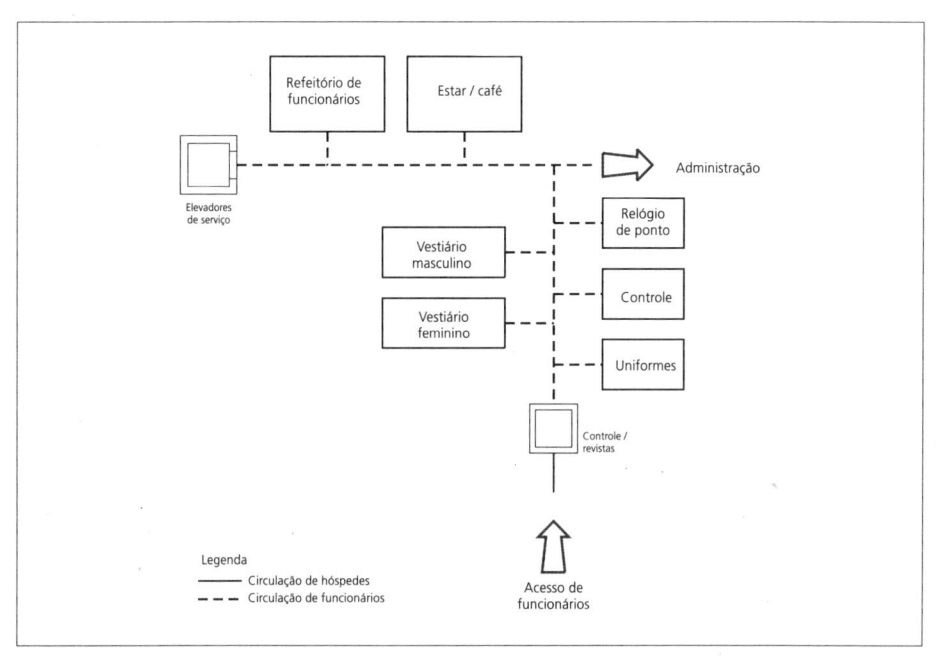

Diagrama funcional 7 – acesso e instalações para funcionários

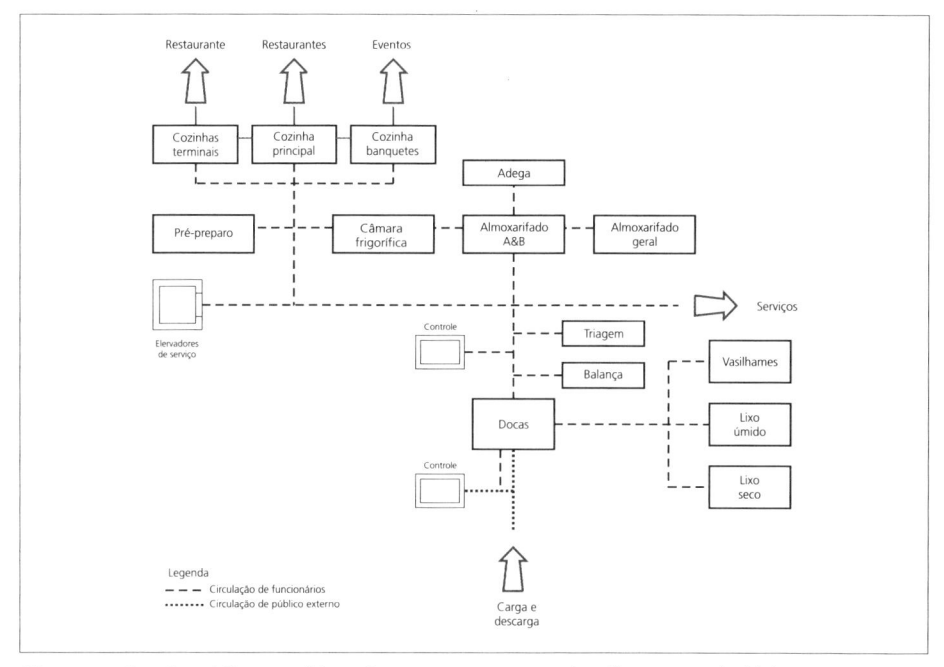

Diagrama funcional 8 – recebimento e armazenagem de alimentos e bebidas

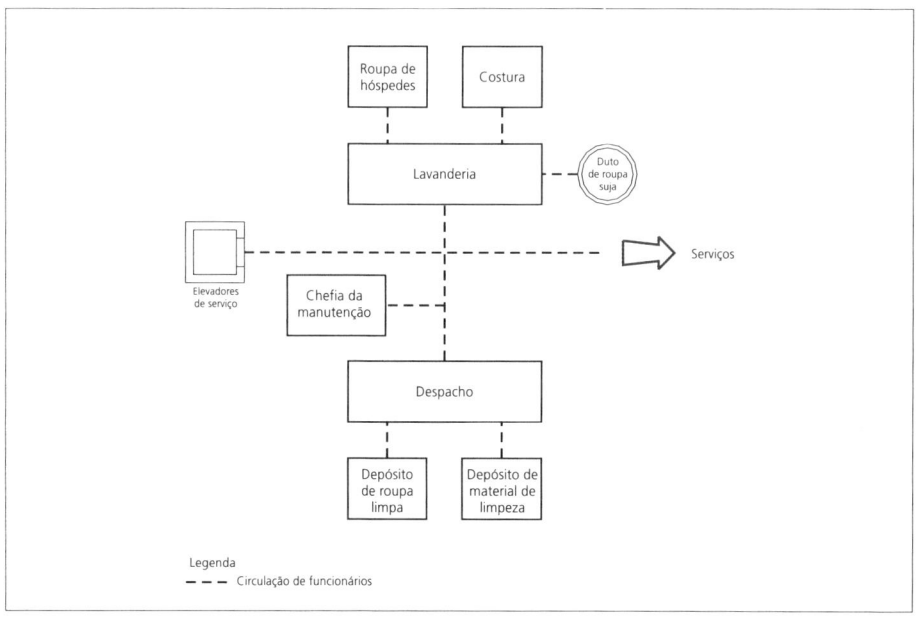

Diagrama funcional 9 – lavanderia e governança

Configuração física básica do hotel

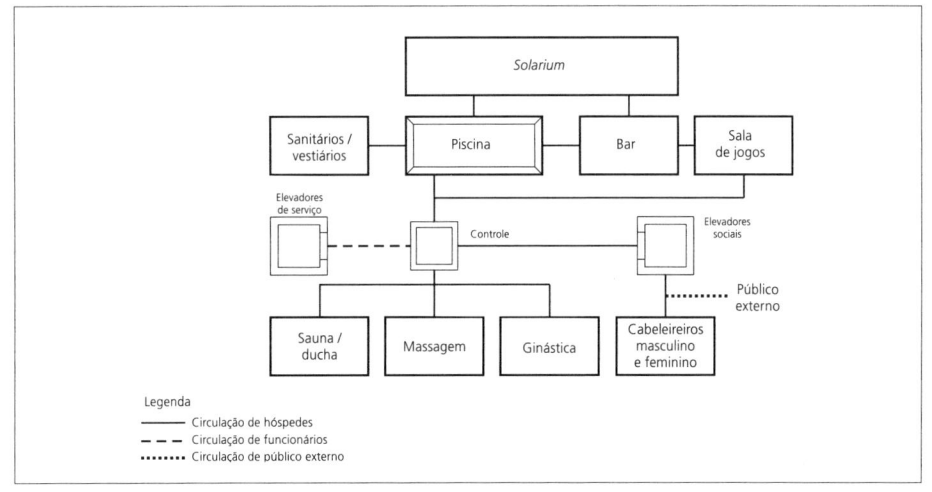

Diagrama funcional 10 – áreas recreativas

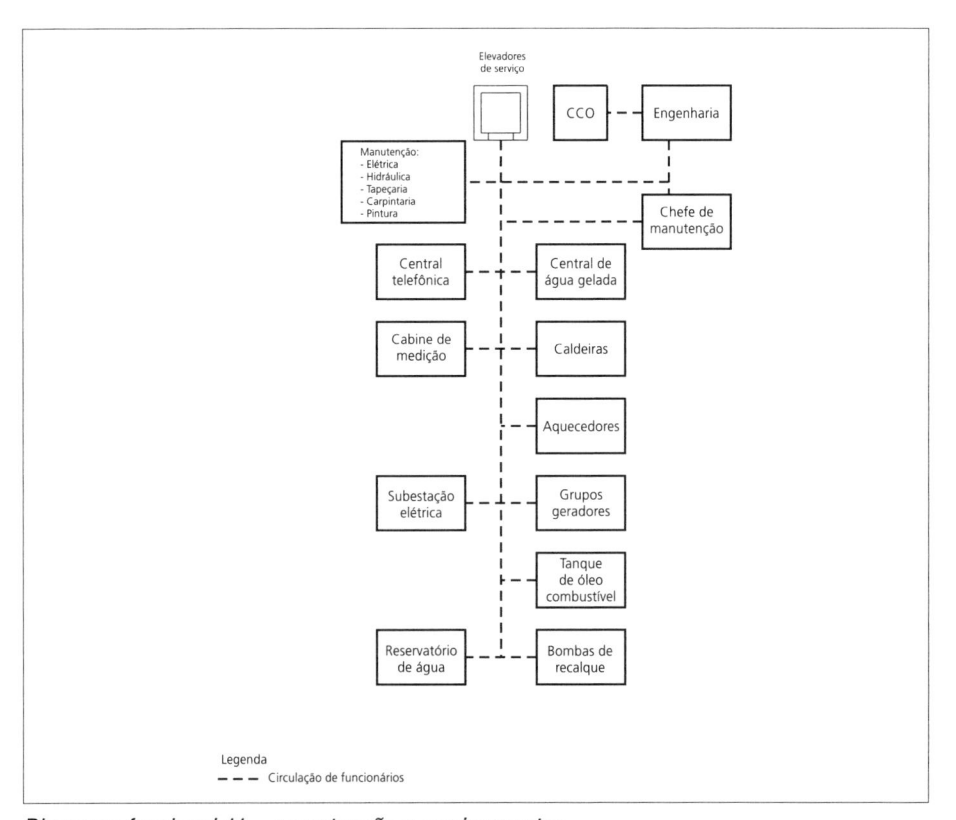

Diagrama funcional 11 – manutenção e equipamentos

Guia básico para administração da manutenção hoteleira

CONCEITOS BÁSICOS DA MANUTENÇÃO HOTELEIRA

CICLO DE VIDA

Conforme o que foi descrito no item "Ciclo de vida da construção predial e dos equipamentos" (página 30), todos os equipamentos e instalações possuem determinado ciclo de vida e determinada expectativa de durabilidade.

A título de ilustração apresenta-se a seguir uma tabela da expectativa de ciclo de vida de equipamentos e acessórios do hotel, tendo em vista sua renovação ou reforma.

Instalações e equipamentos	Vida útil média
Decoração, estofamentos	2 a 4 anos
Carpetes, acessórios e mobília em bares, área de coquetel	4 a 6 anos
Equipamentos e instalações do *coffee-shop*	4 a 6 anos
Instalações de restaurantes	5 a 8 anos
Carpetes e acessórios dos apartamentos	5 a 8 anos
Mobília dos apartamentos	7 a 10 anos
Instalações hidrossanitárias de banheiros nos apartamentos	5 a 8 anos

(cont.)

Equipamentos técnicos de movimentação e apoio	5 a 8 anos
Equipamentos elétricos, de comunicação, de segurança e de controle	5 a 8 anos
Equipamentos de cozinha e de serviço de mesa	7 a 10 anos
Instalações técnicas de engenharia	10 a 15 anos
Edifícios (estrutura física)	15 a 25 anos

Fonte: Fred Lawson, Hotels, Motels and Condominiums: Design, Planning and Maintenance (Londres: The Architectural Press, 1976).

O comportamento dos equipamentos e das instalações no decorrer de seu envelhecimento segue a "curva da banheira":

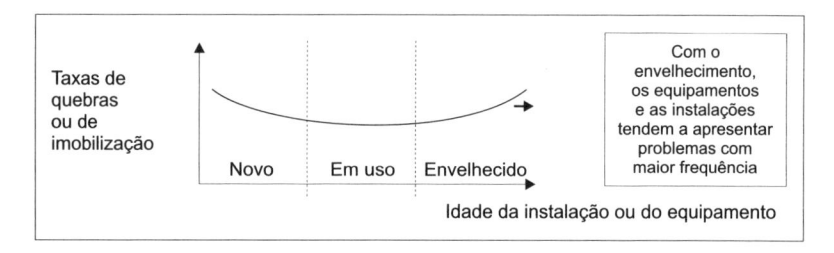

ORIGENS DOS PROBLEMAS E SEUS TIPOS

Quando um equipamento ou uma instalação passam a não cumprir a função para a qual foram projetados, acabam causando transtornos à empresa e a seus clientes.

As origens mais comuns de tais interrupções se devem a:

- erros de especificação ou de projeto;
- erros de construção ou de fabricação;
- instalação ou montagem imprópria;
- manutenção imprópria;
- operação imprópria.

No âmbito das obras civis, cerca de 40% dos futuros problemas decorrem de erros de projeto, e cerca de 46% de erros de construção, dos quais 28% advêm de procedimentos executivos inadequados e 18% do emprego (e do mau emprego) de materiais de má qualidade.

O gráfico circular abaixo ilustra tal situação:

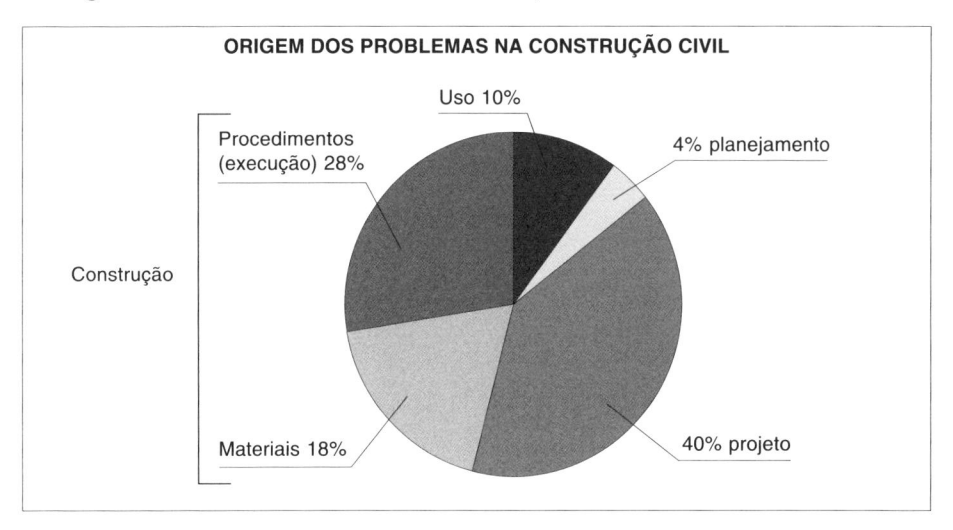

ORIGEM DOS PROBLEMAS NA CONSTRUÇÃO CIVIL

- Uso 10%
- Procedimentos (execução) 28%
- 4% planejamento
- Construção
- Materiais 18%
- 40% projeto

As interrupções da operação do equipamento são visualizadas por concepções diferentes em cada empresa. A Associação Brasileira de Normas Técnicas (ABNT), por meio da norma brasileira NBR 5462/1994 – Confiabilidade e Mantenabilidade, sobre confiabilidade, apresenta as principais definições referentes a problemas em equipamentos.

De forma simplificada, essas interrupções e esses problemas podem ser classificados em três grupos:

- **falha**, isto é, qualquer problema que provoque a *parada imediata* do equipamento, da máquina ou da instalação;
- **defeito**, isto é, qualquer problema que, *sem paralisar* imediatamente o equipamento, altera seu desempenho funcional, reduzindo-lhe a vida útil;
- **falha ou defeito externo**, isto é, qualquer problema causado no equipamento por acidente, imprudência ou agente externo, podendo ocorrer uma parada (falha externa) ou não (defeito externo).

> **Exemplo**: em uma caldeira.
> Defeito: desregulagem do queimador e vazamento de gás.
> Falha: entupimento da alimentação de gás.
> Parada por agente externo: explosão provocada por erro de operação.

> **Exemplo**: em um elevador.
> Defeito: vibração na cabina do elevador e ronco do motor.
> Falha: engripamento do motor e queima de componente do comando.
> Parada por agente externo: paralisação por falta de fornecimento de energia elétrica da concessionária.

CONCEITOS IMPORTANTES

Para compreender e gerenciar os serviços de manutenção, é preciso ter em mente os seguintes conceitos:

CONFIABILIDADE

"É a capacidade de um item de desempenhar uma função específica, sob condições e intervalo de tempo predeterminados" (NBR 5462/1994 – Confiabilidade e Mantenabilidade da ABNT).

É um índice que mede a confiança do equipamento ou da instalação. Mede a quantidade de tempo que o equipamento funciona sem apresentar falhas.

> **Exemplo**: motor elétrico de uma bomba.
> Tempo total em operação: 100 horas.
> Número de falhas nesse período: 5 falhas.
>
> $$\text{Confiabilidade} = \frac{100 \text{ horas}}{5 \text{ falhas}} = 20 \text{ horas/falha}$$

Esse resultado significa que o motor elétrico acoplado à bomba apresenta, em média, uma falha em cada 20 horas de funcionamento.

DISPONIBILIDADE

"Medida do grau em que um item estará em estado operável e confiável no início da missão, quando a missão for exigida aleatoriamente no tempo" (NBR 5462/1994 – Confiabilidade e Mantenabilidade da ABNT).

É um índice que mede o percentual de tempo em que o equipamento fica à disposição dos setores operacionais da empresa.

Exemplo: bomba centrífuga.
Horas de operação: 100 horas.
Horas paradas por falhas: 5 horas.
Horas paradas por falta de energia: 8 horas.

$$\text{Disponibilidade} = \frac{(100 \text{ horas} - 5 \text{ horas} - 8 \text{ horas})}{100 \text{ horas}} = \frac{87 \text{ horas}}{100 \text{ horas}} = 87\%$$

A bomba centrífuga mantém-se, em média, 87% do tempo operando e 13% do tempo parada.

APROVEITAMENTO

É um índice que mede o percentual de aproveitamento de um equipamento ou de uma instalação pelo setor operacional, definindo de que maneira o equipamento é aproveitado em suas atividades operacionais.

Exemplo: um hotel possui um elevador utilizado mensalmente segundo a rotina a seguir.
Tempo total no mês: 30 dias × 24 horas = 720 horas.
Total de falhas durante o mês: 2 falhas.
Horas mensais paradas do elevador: 20 horas.
Horas efetivas do elevador: 600 horas.

$$\text{Confiabilidade} = \frac{720 \text{ horas}}{2 \text{ falhas}} = 360 \text{ horas/falha}$$

(1 falha a cada 360 horas de operação)

$$\text{Disponibilidade} = \frac{720 \text{ horas} - 20 \text{ horas}}{720 \text{ horas}} = 97,2\%$$

(o elevador fica disponível para operação 97,2% do tempo)

$$\text{Aproveitamento} = \frac{600 \text{ horas}}{700 \text{ horas}} = 85,7\%$$

(das 700 horas disponíveis, o elevador é usado durante 600 horas, ou seja, 85,7% do tempo)

MANUTENABILIDADE OU MANTENABILIDADE

É um índice que mede o tempo médio que se gasta para consertar um equipamento ou uma instalação. Se estes são bem projetados, facilitando o acesso a suas partes, o conserto tem condições de ser rapidamente concluído, o que representa alta manutenabilidade.

Quanto menos se gasta em determinado serviço, mais rapidamente o equipamento volta a operar e, portanto, maior sua manutenabilidade. Os carros de Fórmula 1 e os aviões possuem alta manutenabilidade, pois são projetados de forma que facilite a troca de peças e os serviços de manutenção.

CAPABILIDADE

Esse índice avalia a capacidade que possui um equipamento ou uma instalação de cumprir os objetivos para os quais foram projetados, sob condições predeterminadas.

Um exemplo prático de capabilidade pode ser obtido a partir da eficiência de uma caldeira. Suponha-se que o projeto original do fabricante tenha previsto uma eficiência de 75% para a caldeira: para cada 100.000 unidades BTU de entrada de energia de combustível, 75.000 BTU são utilizados no processo de aquecimento (100% da capabilidade). Se na prática a caldeira operar com 65.500 BTU no aquecimento, sua eficiência será reduzida a 65%, o que significa uma capabilidade de 87,3%.

Os conceitos de capabilidade e manutenabilidade ligam-se intimamente ao projeto do equipamento e à maneira pela qual este foi estabelecido.

TIPOS DE MANUTENÇÃO

Cada empresa adota seus próprios métodos de manutenção e suas próprias políticas, estas deliberadas no plano da direção. Assim, as denominações e os conceitos dos serviços de manutenção variam de empresa para empresa, e dificilmente se poderá chegar a uma padronização de sua nomenclatura.

Tradicionalmente, a manutenção classifica-se em dois grandes tipos:
- manutenção preventiva (prevenção);
- manutenção corretiva (reparo).

A concepção básica dos tipos de manutenção considera dois aspectos centrais:
- grau de previsibilidade do serviço;
- grau de programabilidade do serviço.

MANUTENÇÃO PREVENTIVA

"É a manutenção efetuada com a intenção de reduzir a probabilidade de falha de um bem ou a degradação de um serviço prestado" (definição da Associação Francesa de Normas Técnicas – AFNOR).

São os serviços que podem ser previstos e programados antes da data provável do aparecimento da falha. Essa previsão torna-se viável pela ação do fabricante/construtor, pela experiência prática da equipe da empresa ou pelo histórico do equipamento ou da instalação.

Essa modalidade de manutenção subdivide-se em dois tipos, a *preventiva sistemática* e a *preventiva de condição*. No caso da primeira, as intervenções são executadas obrigatoriamente após determinado intervalo de tempo ou período operacional. Já a segunda baseia-se numa inspeção que indica ou não a necessidade de intervenção.

Os principais serviços prestados pela manutenção preventiva são:

- inspeções;
- limpezas e lavagens;
- lubrificações;
- abastecimentos e drenagens;
- ajustes, regulagens e testes;
- trocas de peças;
- reapertos.

Uma boa analogia da manutenção preventiva seriam todos os ajustes efetuados em um automóvel antes da realização de uma viagem – regulagem de motor e freios, troca de óleo e filtros, limpeza, calibragem de pneus e verificação do sistema elétrico.

MANUTENÇÃO CORRETIVA

"É a manutenção realizada após a falha" (definição da Associação Francesa de Normas Técnicas).

A manutenção corretiva não proporciona condições de prever os serviços, podendo ser do tipo emergencial (corretiva não programada) ou não emergencial, quando a natureza do defeito deixa tempo para o conserto (corretiva programada). Envolve os serviços de:

- remoção de defeitos e falhas;
- reformas ou reconstruções;
- trocas de peças;
- ajustes, regulagens e testes;
- limpeza, pintura e lavagem.

A manutenção corretiva não programada ou emergencial entraria em ação, por exemplo, na situação de travamento do motor elétrico da bomba devido a um superaquecimento por falta de lubrificação (o motor "fundiu").

A corretiva programada ocorreria no caso do aparecimento de um ruído suspeito no elevador, passível de ser resolvido dois dias depois da visita da assistência técnica.

INSPEÇÃO (*CHECK-LIST*)

Trata-se de uma atividade enquadrada dentro da manutenção preventiva. A inspeção pode ser feita diretamente pelo usuário do equipamento ou da instalação, pelo operador ou pelo pessoal qualificado da manutenção.

Existem os seguintes tipos de inspeção:

- **Inspeção operacional** – é a verificação realizada pelo próprio operador do equipamento ou pelo próprio usuário da instalação. É em geral executada diariamente ou semanalmente, com o equipamento em pleno funcionamento, não exigindo grandes conhecimentos técnicos. A inspeção operacional é fundamental para detectar pequenos defeitos e problemas capazes de se agravar no tempo e se transformar em falhas. Consiste nas seguintes atividades:
    - verificação do estado geral e do funcionamento;
    - verificação de ruídos e vibrações;
    - verificação de vazamentos;
    - leituras de indicadores e medidores;
    - limpeza externa.
- **Inspeção da manutenção** – é uma atividade mais técnica e requer, portanto, um conhecimento mais específico sobre o funcionamento e sobre as partes do equipamento e da instalação. Essa inspeção precisa

ser efetuada por equipes de manutenção ou por uma assistência técnica externa, com o equipamento estacionado ou em funcionamento. Em certos casos são utilizados instrumentos e dispositivos especiais para a realização da inspeção, tais como osciloscópio, multímetro, medidor de vibração, entre outros (veja, a seguir, "Manutenção preditiva ou Monitorada").

As inspeções fazem parte do plano de manutenção preventiva e por isso necessitam de determinadas periodicidade e frequência de realização.

MANUTENÇÃO PROGRESSIVA OU DE *KITS* BASEADA NA CONFIABILIDADE OU NO ESTADO

Pode ser definida como uma espécie de manutenção efetuada pela troca imediata de conjuntos ou partes do equipamento, em regime preventivo ou corretivo. Após a retirada do conjunto danificado ou problemático, este é remetido à oficina para reparo e revisão geral. A troca pode ser feita com uma reserva de equipamento completo.

A vantagem desse tipo de manutenção é a diminuição do tempo de paralisação do equipamento, pois com a simples troca da parte danificada ele tem plena condição de retornar rapidamente à operação.

Exemplos:

- manutenção de frigobar e aparelho de TV no apartamento;
- manutenção de computadores, caixas eletrônicos de bancos e circuitos eletrônicos em geral;
- manutenção de aviões;
- manutenção de carros de Fórmula 1 durante a corrida.

MANUTENÇÃO PREDITIVA OU MONITORADA

Trata-se de uma manutenção mais sofisticada, executada com o equipamento em operação, lançando-se mão de sensores ou instrumentos especiais para detecção de anormalidades operacionais.

A manutenção preditiva ou monitorada (*on condition*) apresenta a vantagem de predizer o estado dos componentes, informando quando apresentarão a falha, dentro de uma boa margem de certeza. O diagnóstico resulta de uma análise da causa e do efeito do problema.

Outra grande vantagem desse tipo de manutenção está no fato de que para empreendê-la não há necessidade de paralisar o equipamento, como na preventiva. O momento da intervenção é estendido ao máximo, proporcionando maior disponibilidade operacional e maior confiabilidade.

Exemplos:

- manutenção de quadros elétricos e câmaras frigoríficas por meio de termografia e controle da temperatura;
- análise de óleos lubrificantes de motores *diesel* e conjuntos motobombas;
- controle do nível de ruído em rolamentos de motores e bombas;
- controle da temperatura da água de refrigeração de ar-condicionado;
- análise físico-química da água do hotel.

MANUTENÇÃO PROGRAMADA E NÃO PROGRAMADA

São consideradas, no âmbito dessa concepção, a programabilidade e a prioridade do serviço. Em resumo, pode-se dizer que se trata de diferenciar as atividades de manutenção em que há tempo suficiente para programar daquelas que não permitem esse tempo.

- **Manutenção programada** – são todas as atividades previsíveis e/ou programáveis no tempo:
  - manutenção preventiva (previsível e programável);
  - corretiva programada (não previsível mas programável).
- **Manutenção não programada** – são atividades não previsíveis e não programáveis, caracterizadas pela urgência de atendimento. Enquadra-se nessa categoria a manutenção corretiva não programada ou emergencial.

OUTRAS ATIVIDADES DE MANUTENÇÃO

Existem outras categorias de serviços que, por sua própria natureza, são executadas pela manutenção e acabam desempenhando papéis complementares em relação às ações de manutenção preventiva e corretiva já referidas.

- **Trabalhos de melhoria e modernização** – consistem em modificar um equipamento ou uma instalação após a constatação de defeito ou falha, introduzindo nestes até mesmo materiais ou componentes de gerações tecnológicas mais avançadas, com vistas a aumentar a segurança, o conforto, a confiabilidade e a disponibilidade, a reduzir os custos provenientes da falha e a proporcionar melhores condições de manutenção. Também são chamados de *retrofits*.

- **Reformas, renovações e reconstruções** – são medidas necessárias em função do vencimento da vida útil (física e econômica) do material, de seu envelhecimento e de seu desgaste. A renovação compreende a inspeção e a garantia de operação de todas as partes do equipamento.
- **Estudos e novos projetos** – incluem-se nessa categoria as seguintes atividades exercidas pela manutenção:
  - participação no programa de investimento;
  - escolha e especificação do material;
  - capacitação de fornecedores de peças e serviços;
  - encaminhamento técnico dos problemas (problema, causa e solução com custo–benefício);
  - recebimento técnico de materiais e fiscalização de serviços;
  - estudos técnicos e econômicos;
  - treinamento e orientação de equipes.

ORGANIZAÇÃO ADMINISTRATIVA

ESTRUTURA ORGANIZACIONAL E FUNÇÕES

A estrutura organizacional do setor de manutenção em uma empresa hoteleira depende de suas características e de seu porte. Em pequenas e médias empresas, nas quais a manutenção tem como função essencialmente a execução dos serviços, na maioria das vezes as demais atividades acabam sendo absorvidas pela gerência geral do hotel. Em empresas de maior porte, a engenharia de manutenção é dotada de uma estrutura departamentalizada que compreende todas as funções referentes aos equipamentos e instalações.

Em qualquer hotel, grande ou pequeno, as funções da manutenção podem-se resumir em:

- **função de execução** – responsável pela execução de serviços corretivos e preventivos, reformas e outros;
- **função de desenvolvimento** – compra de novos equipamentos, construção de novas edificações e estudos de viabilidade técnica e econômica;

- **função de apoio e logística** – interligada com outras áreas da empresa, tais como finanças, custos, recursos humanos, compras e almoxarifado.

O esquema abaixo relaciona as principais funções existentes com suas respectivas atividades.

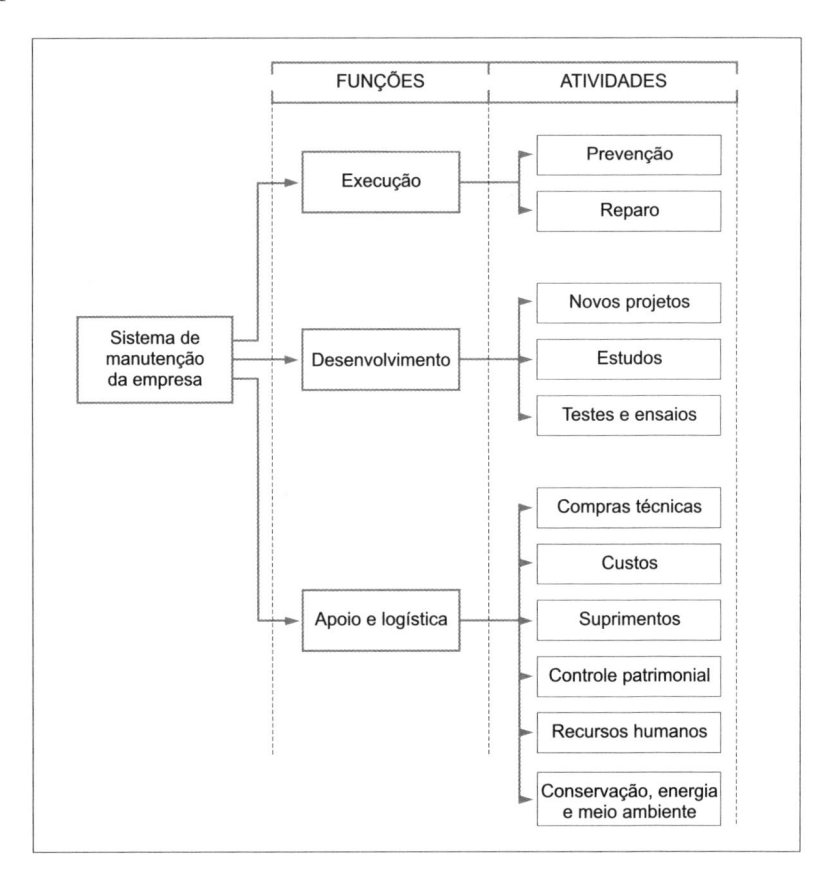

```
FUNÇÕES                    ATIVIDADES

                           ┌─ Prevenção
            Execução ──────┤
                           └─ Reparo

                           ┌─ Novos projetos
Sistema de                 │
manutenção ─── Desenvolvimento ─┤─ Estudos
da empresa                 │
                           └─ Testes e ensaios

                           ┌─ Compras técnicas
                           ├─ Custos
            Apoio e logística ─┤─ Suprimentos
                           ├─ Controle patrimonial
                           ├─ Recursos humanos
                           └─ Conservação, energia
                              e meio ambiente
```

Segue-se a explanação de funções normalmente desenvolvidas direta ou indiretamente pela manutenção.

EXECUÇÃO DOS SERVIÇOS

É a função de linha responsável pela prevenção (manutenção preventiva) e pelo reparo (manutenção corretiva) nas seguintes especialidades:

- civil e predial;
- eletricidade e eletrônica;

- mecânica;
- hidráulica;
- marcenaria, carpintaria e tapeçaria;
- serralharia e soldagem;
- mestragem e chaveiro;
- ar-condicionado e refrigeração;
- conservação e controle de energia;
- produção de vapor e de água quente.

PLANEJAMENTO DE MANUTENÇÃO E OPERAÇÃO

Implica a elaboração de planos, procedimentos e roteiros de manutenção e operação dos equipamentos e das instalações na empresa. É responsável pela alocação dos recursos humanos e materiais necessários para os serviços.

PROGRAMAÇÃO DA MANUTENÇÃO

Estabelece as datas em que devem ser executadas as atividades previstas pelo planejamento, alocando no tempo certo materiais, peças, ferramentas, dispositivos e mão de obra.

CONTROLE DA MANUTENÇÃO

É responsável pela monitorização dos serviços planejados e programados dentro do prazo estabelecido e da qualidade requerida pela operação e pelos clientes da empresa.

CONTROLE PATRIMONIAL

É a função responsável por todo o patrimônio da empresa, cujo controle técnico e administrativo é centralizado por cadastro de equipamentos e instalações. Envolve as seguintes atividades:

- recebimento de obras, máquinas, equipamentos e instalações;
- recebimento de informações técnicas;
- comissionamento;
- controle de transferência e movimentação;
- acompanhamento de vida útil e depreciação;

- administração de seguros e *leasing-back*;
- baixa e retirada de equipamentos;
- controle do prazo de garantia.

COMPRAS TÉCNICAS E CONTRATAÇÕES

É a função que se comunica intensamente com as áreas administrativa e financeira da empresa. Compõe-se das seguintes atividades:

- especificação e engenharia de materiais;
- cadastramento de materiais e fornecedores;
- execução de compras técnicas;
- contratação de serviços externos e de terceiros;
- diligenciamento e *follow-up*.

ADMINISTRAÇÃO DE MATERIAIS DE MANUTENÇÃO

É a função que compreende a obtenção, conservação e colocação de materiais à disposição do usuário. Suas principais atividades são:

- codificação de itens de estoque;
- recebimento de materiais;
- guarda e preservação de itens;
- controle de movimentação;
- planejamento e controle de estoque;
- classificação de importância;
- alienação e baixa de materiais inservíveis.

CONSERVAÇÃO DE ENERGIA

Está relacionada às facilidades hoteleiras (*facilities*) visando a correta utilização dos insumos energéticos e a conservação e equilíbrio dos recursos ambientais utilizados pelo empreendimento:

- registros diários de consumos energéticos;
- monitoramento e acompanhamento de consumos;
- programas de racionalização e redução de consumos.

LOGÍSTICA HOTELEIRA

Envolve todas as atividades de apoio às operações e processos hoteleiros envolvendo: transportes, sinalização, montagem de postos de apoio à governança, eventos, alimentos, bebidas e outros.

IMPLANTAÇÃO DE UM SISTEMA DE MANUTENÇÃO

ASPECTOS GERAIS

A implantação de um sistema de manutenção hoteleira requer uma abordagem mais ampla, pois, além do conhecimento tecnológico, torna-se indispensável uma visão mais abrangente e integradora de todo o ambiente hoteleiro. A grande diversificação de instalações, equipamentos, materiais e peças aplicadas exige que a atuação da manutenção seja o mais dinâmica possível e sempre imediatamente direcionada ao atendimento das expectativas dos clientes internos (áreas operativas) e externos (hóspedes e clientes do empreendimento).

O enfoque atual da manutenção praticamente elimina a existência de um "departamento de manutenção" e tende a criar um núcleo técnico capaz de fornecer "assistência técnica" aos clientes. A ideia-chave do novo enfoque está na ênfase dada à prevenção de falhas e defeitos, que deve submeter-se por completo à responsabilidade do usuário do equipamento ou da instalação. A *ação* corretiva vem cedendo seu espaço à *prevenção, análise* e *reflexão* corretivas. Nesse sentido, a manutenção deve participar mais como catalisadora do processo, canalizando os conhecimentos técnicos para um aumento de disponibilidade e confiabilidade do material.

Atualmente, a questão da racionalização da energia e do controle dos custos hoteleiros promove a importância do sistema de manutenção.

Assim sendo, ganha relevo o papel desempenhado pelos colaboradores do hotel, "operadores" dos equipamentos e usuários das instalações, isto é, recepcionistas, cozinheiros, arrumadeiras, faxineiros, além dos próprios hóspedes. É nesse contexto que se situam os modernos conceitos japoneses de Manutenção Produtiva Total (MPT), a qual consiste no envolvimento desses usuários e operadores como responsáveis pelos equipamentos e instalações do hotel e importantes figurantes em sua manutenção. Além dessa, destaca-se a Manutenção Baseada na Confiabilidade (MBC), que enfoca a importância do acompanhamento e monitoramento dos equipamentos e instalações.

POLÍTICAS DE MANUTENÇÃO

Decidir entre os diferentes métodos de manutenção faz parte do quadro de uma "política" de manutenção; uma vez deliberada no plano da direção, essa política deve ser divulgada, entendida e aceita por todas as gerências e áreas produtivas da empresa. A decisão a ser tomada pela política de manutenção baseia-se nas seguintes questões, cujas respostas virão por meio de uma avaliação técnica, financeira e econômica dos casos em estudo:

- Qual a quantidade de manutenção preventiva e de manutenção corretiva e em que tipo de equipamentos e instalações serão aplicadas?
- Os serviços serão realizados por equipe própria, contratação de terceiros ou uma combinação de ambos?

Eis, em gráfico, o comportamento dos dois tipos de manutenção:

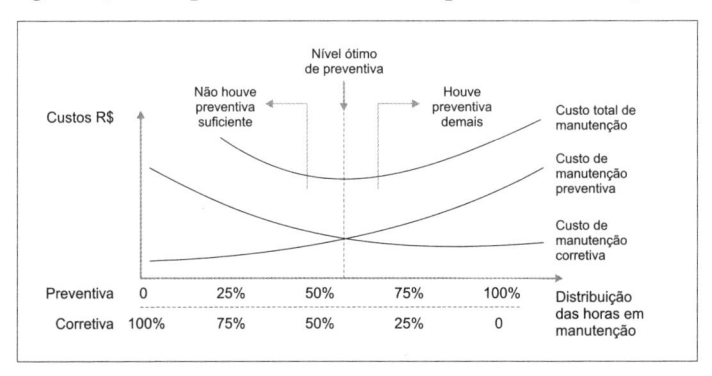

CONCLUSÃO

Praticando-se demasiada manutenção preventiva, o custo será alto.
Praticando-se pouca manutenção preventiva, também será alto.

O ideal é o equilíbrio!

A escolha de uma política ou forma de manutenção deve sempre considerar várias óticas, ou seja, a ótica técnica e a econômico-financeira, e o ponto de vista dos clientes. A decisão é sempre uma resultante de todas essas variáveis. O esquema a seguir ilustra esse contexto de decisão.

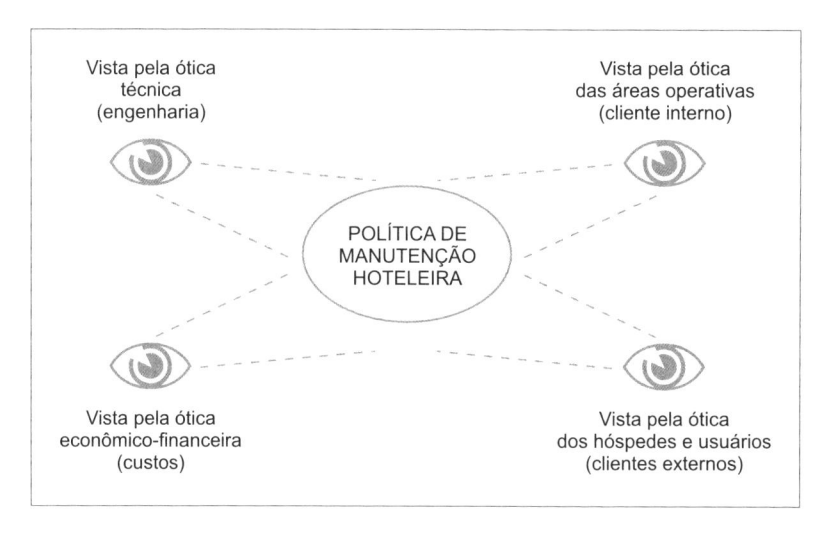

```
Vista pela ótica                              Vista pela ótica
    técnica                                 das áreas operativas
 (engenharia)                                 (cliente interno)

                    POLÍTICA DE
                    MANUTENÇÃO
                     HOTELEIRA

Vista pela ótica                              Vista pela ótica
econômico-financeira                       dos hóspedes e usuários
     (custos)                                 (clientes externos)
```

A SEQUÊNCIA DE IMPLANTAÇÃO

As etapas necessárias para a implantação do sistema de manutenção consistem em seguir o ciclo PDCA da Qualidade Total, ou seja:

- **Planejamento de serviços e recursos** – envolve a definição da política de manutenção, a coleta de informações sobre os equipamentos e instalações e o estabelecimento de metas e objetivos. Fazem parte dessa etapa a seleção dos métodos adotados, os meios e o dimensionamento de recursos para a execução de serviços.
- **Programação de serviços** – após a fase de planejamento, segue-se a programação da manutenção, que encerra o estabelecimento de um

calendário compatível com as atividades operacionais da empresa. A programação do serviço fixa a hora H do dia D em que o serviço deve ser executado.

- **Execução da manutenção** – compõe-se da função executiva de prevenção ou reparo do equipamento e da instalação. A função de execução coloca em prática o serviço definido pelo planejamento e pela programação.
- **Controle** – é o processo de acompanhamento e controle da execução dos serviços, no qual muitas vezes é preciso reformular o planejamento e a programação anteriormente definidos.
- **Avaliação** – consiste na avaliação geral de todos os serviços executados e recursos aplicados. É importante para a reformulação do planejamento e da programação da manutenção.

O esquema abaixo ilustra a sequência dessas etapas:

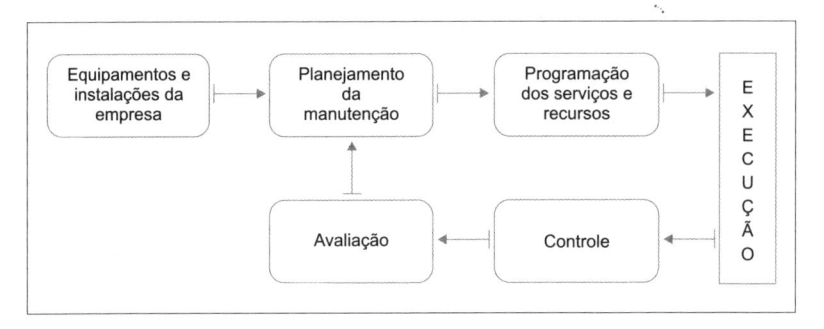

```
┌─────────────────────────────────────────────────────────────────┐
│  Equipamentos e    →   Planejamento   →   Programação    →   E  │
│  instalações da        da                 dos serviços e     X  │
│  empresa               manutenção         recursos           E  │
│                             ↑                                C  │
│                             │                                U  │
│                                                              Ç  │
│                        Avaliação  ←      Controle  ←         Ã  │
│                                                              O  │
└─────────────────────────────────────────────────────────────────┘
```

ROTEIRO DE ATIVIDADES

Dificilmente obtém-se um roteiro de implantação padronizado que sirva para todo e qualquer hotel. Cada empresa, ainda que do mesmo ramo de atuação, vive uma realidade específica que impede a adoção de pacotes e roteiros preconcebidos. Entretanto, apresenta-se a seguir um roteiro básico de atividades imprescindíveis para viabilizar a implantação do sistema de manutenção:

- caracterização e conhecimento do hotel;
- conhecimento do fluxo operacional e do ciclo de prestação de serviços;
- estruturação das áreas operativas e centros de custos ou de resultados;
- codificação e cadastro das áreas, equipamentos e instalações existentes;

- classificação e escolha das áreas, equipamentos e instalações prioritárias;
- implantação de procedimentos para operação de equipamentos e instalações (ligar, desligar e acompanhar o uso);
- elaboração e implantação de roteiros para a inspeção operacional;
- elaboração e implantação de roteiros para a inspeção técnica e da manutenção;
- introdução do sistema de ordens de serviços, históricos e controle de custos de manutenção para manutenção preventiva e corretiva;
- implantação de planos para limpeza, lavagem, higienização, lubrificação e pintura de equipamentos e instalações;
- implantação dos planos de manutenção preventiva dos equipamentos e instalações;
- implantação de procedimentos para a manutenção;
- retorno ao item *implantação de procedimentos para operação de equipamentos e instalações*, com a implantação nos demais equipamentos e instalações da empresa;
- monitorização do sistema de manutenção por meio de Planejamento, Programação e Controle (PPCM).

SISTEMA DE INFORMAÇÕES PARA MANUTENÇÃO HOTELEIRA

O sistema de informações constitui um conjunto de dados e documentos que, devidamente organizados, fornecem subsídios para o controle das atividades e para as tomadas de decisões. Na manutenção é fundamental a existência de um Sistema de Informação (SI) de apoio à gerência e à diretoria da empresa. A utilização de sistemas estruturados de informação é poderosa ferramenta gerencial para a tomada de decisões e para o controle dos recursos utilizados pela manutenção. Para a estruturação do sistema, convém respeitar os seguintes critérios:

- simplicidade;
- objetividade;
- comparatividade;
- rapidez e tempo hábil;

- compatibilidade no nível hierárquico;
- informações corretas.

O gerenciamento das informações da manutenção baseia-se nos seguintes elementos:

- cadastramento de equipamentos e instalações, mão de obra, materiais e ferramentas;
- histórico dos equipamentos e das instalações hoteleiras;
- acompanhamento técnico e econômico dos serviços (ordens ou solicitações de serviços).

Por meio dessas informações básicas são geradas informações para que possam ser avaliados os resultados e atingidos os objetivos fixados pela manutenção.

Um notável instrumento de apoio às ações e às tomadas de decisões da área de manutenção reside na microinformática. Um sistema informatizado de apoio à manutenção hoteleira, denominado SMH, consiste no processamento de dados gerados por um plano sistemático de inspeções e manutenções preventivas. As solicitações, que podem ser transformadas em ordens de serviço, são então processadas e armazenadas em históricos de equipamentos e instalações, promovendo a emissão de relatórios técnicos e de custos. Um tal sistema de manutenção deve integrar-se ao sistema de suprimentos, envolvendo os setores de almoxarifado, compras e contratação de serviços.

A composição do SMH baseia-se nos seguintes elementos:

ARQUIVO TÉCNICO

É responsável pela centralização de todos os documentos técnicos utilizados pelo hotel, devendo tornar disponíveis os manuais técnicos dos equipamentos, as plantas das edificações, desenhos, projetos e documentos administrativos. A informatização desse sistema consiste em codificar sequencialmente os documentos com o cadastramento por palavras-chave. O processo de busca possibilita a consulta pelo código interno do documento, por título, autor, fabricante, tipo de documento e assuntos.

CADASTROS BÁSICOS

Em conjunto com a codificação, são itens fundamentais para a estruturação e o funcionamento do sistema. Têm como principal atribuição a formação e individualização dos centros de custos ou de resultados, visando ao acompanhamento do desempenho das áreas produtivas e operacionais do hotel. A estrutura de código repousa na hierarquização do hotel em seis níveis: áreas, subáreas, sistemas ou conjuntos, subconjuntos, equipamentos e componentes.

O cadastramento informatizado possibilita um rápido acesso a qualquer informação necessária para o gerenciamento do equipamento.

A atualização dos cadastros pode ser realizada pelas informações obtidas a partir de históricos das ordens de serviço e das entradas fornecidas no sistema. Os cadastros básicos constituintes desse módulo são:

- cadastramento e codificação de áreas e setores operacionais, produtivos e de apoio;
- cadastramento e codificação de máquinas, equipamentos e instalações;
- cadastro de mão de obra interna;
- cadastro de prestadores de serviços e fornecedores;
- cadastro de materiais, ferramentas, Equipamento de Proteção Individual (EPI) e Equipamento de Proteção Coletiva (EPC).

ROTEIROS DE INSPEÇÕES

Têm por finalidade sistematizar inspeções realizadas periodicamente em todos os setores produtivos e de apoio do hotel. Sua montagem deve ser executada pela manutenção em conjunto com os responsáveis pelas áreas operacionais, pelos equipamentos e instalações. Por meio desses roteiros, podem ser eliminados inúmeros problemas, que, uma vez solucionados, passam a constituir indicadores de defeitos e futuras falhas.

A tabulação das informações inspecionadas baseia-se em dois níveis de verificação: normal (N) e anormal (A). Em função desses resultados, podem ou não ser abertas ordens de serviço preventivas ou corretivas.

ORDENS DE SERVIÇO

Esse módulo implica a emissão de ordens de serviço a partir de uma condição identificada pelo solicitante ou por meio de uma inspeção sistemática, ou ainda por meio de um plano de manutenções preventivas. Seu funcionamento baseia-se em um banco de dados informatizado que recebe as solicitações dos serviços e que, após uma avaliação priorizante, emite as ordens de serviço para as equipes executoras. Fazem parte desse módulo a integração com os roteiros de inspeção e a sistematização dos planos de manutenção preventiva. Desse modo é possível acompanhar todos os serviços executados por terceiros pela abertura e pelo processamento de ordens de serviço.

HISTÓRICOS DE EQUIPAMENTOS E INSTALAÇÕES

Após a execução das ordens de serviço, dá-se seu respectivo processamento para alimentar o histórico de máquinas, equipamentos e instalações, que encerra a montagem de um banco de dados para registro de defeitos, falhas e anomalias, suas causas prováveis, os efeitos no funcionamento do setor, as intervenções e as ações resultantes.

ADMINISTRAÇÃO DE MATERIAIS E COMPRAS

Responsabiliza-se pela identificação e pelo controle dos estoques de peças e materiais de manutenção. Efetua o gerenciamento do almoxarifado e o inventário diário, conferindo os estoques mínimos e máximos definidos. Além disso, aciona compras conjugando as funções necessárias para reposição de determinado item.

A administração de materiais e compras pode integrar um sistema administrativo da empresa e deve ter comunicação direta com o SMH.

ADMINISTRAÇÃO DE CONTRATOS

Passível de fundamentar outro sistema, esse módulo executa todo o registro de informações dos contratos, possibilitando o *follow-up* de eventos e a liberação de pagamentos conforme o andamento dos serviços.

RELATÓRIOS TÉCNICOS E DE CUSTOS

São os dados de saída resultantes do processamento das ordens de serviço, formatados em relatórios técnicos e de custos diretos.

Os relatórios técnicos registram os principais problemas encontrados no hotel, classificando-os por prioridades.

Os relatórios de custos ocupam-se da tabulação da mão de obra aplicada, dos materiais, das peças e dos serviços de terceiros.

CONTROLE DE CONSUMO DE ENERGIA

É uma função atual exigida pela manutenção exercida de forma manual ou automatizada para o controle de consumo de energia elétrica, água, esgoto, gás (GLP e natural) e telefonia.

ARQUIVO TÉCNICO

A estruturação de um sistema de manutenção tem como ponto de partida as informações técnicas do empreendimento, cuja transmissão é feita das mais diversas maneiras, formal e informalmente.

Segue-se a relação das principais informações e documentos recomendados para viabilizar as atividades de manutenção hoteleira. Tal acervo deve ser devidamente organizado, classificado e cadastrado, de modo que facilite a rápida consulta e forneça apoio às atividades do setor.

LEGISLAÇÃO HOTELEIRA

- Regulamentação completa dos meios de hospedagem e turismo – Resolução Normativa do Instituto Brasileiro do Turismo (Embratur) nº 9, publicada no *Diário Oficial da União* em 13-2-1984, Lei nº 6.505, de 13-12-1977, e Decreto-lei nº 84.910, de 15-7-1980.
- Regulamento Geral dos Meios de Hospedagem e Regulamento do Sistema Oficial de Classificação dos Meios de Hospedagem, criado pela Deliberação Normativa nº 429, de 23-4-2002.

- Deliberação Normativa nº 433, publicada em 6-1-2003, equiparando o *flat* aos serviços de hospedagem prestados pelos hotéis.

PROJETOS EXECUTIVOS DA EDIFICAÇÃO

PROJETO GEOTÉCNICO

- plantas de localização de obras de terra (escavação, aterro e escoramento do terreno), sistemas de rebaixamento do lençol freático, drenagem e fundações previstas;
- levantamento planaltimétrico cadastral;
- cortes e seções do terreno;
- detalhes executivos.

PROJETO ARQUITETÔNICO

- anteprojeto/projeto básico;
- plantas de situação e localização;
- plantas baixas;
- cortes longitudinais e transversais;
- fachadas principais, secundárias e elevações;
- plantas da cobertura;
- perspectivas externas ou de interiores;
- plantas de paisagismo (jardins) e recreação;
- detalhes arquitetônicos e/ou construtivos (inseridos em algum desenho anterior, ou constituindo desenhos próprios denominados *projetos executivos arquitetônicos*; podem-se considerar incluídos aqui o projeto de impermeabilização e o projeto de esquadrias).

PROJETO LEGAL APROVADO

PROJETO ESTRUTURAL

- plantas, cortes e detalhes construtivos das fundações (inclusive locação e carga nos pilares);

- plantas, cortes da superestrutura;
- plantas, cortes e detalhes de forma e ferragem (armação) da estrutura, que devem constar dos desenhos de forma:
  - especificação do concreto e dos aços;
  - acabamentos especiais (concreto aparente);
  - contraflechas e sobrecargas especiais.

PROJETO DE INSTALAÇÕES

Plantas, cortes e detalhes das redes elétrica e eletrônica, tudo isso constituído basicamente de:

- plantas e detalhes de entrada de energia e local dos medidores;
- sistema de distribuição, com transformadores, sistemas de segurança e quadros principais de distribuição, indicando a carga total instalada;
- traçado dos condutores e rede de fiação com os respectivos dimensionamentos e identificação dos circuitos;
- pontos de consumo e equipamentos com suas respectivas potências;
- detalhes construtivos (fixação dos eletrodutos, caixas de passagem);
- esquemas unifilares e trifilares e de comando;
- sistemas de TV, música, vídeo, para-raios, antena, iluminação de emergência, etc.;
- legenda de convenção de símbolos.

PLANTAS, CORTES ISOMÉTRICOS E DETALHES DA REDE HIDROSSANITÁRIA E DE GÁS

A rede hidrossanitária pode ser dividida em:

- água fria;
- água de incêndio;
- circuitos especiais: água quente; água de piscina;
- coleta de águas pluviais;
- rede de esgoto;
- circuito de vapor;
- aparelhos de consumo e coleta;

- válvulas;
- tubos de recalque;
- instalações de bombeamento;
- reservatórios;
- caixas de passagem;
- tubulação de ventilação;
- medidores;
- calhas;
- detalhes construtivos;
- caldeira e aquecedores.

PLANTAS, CORTES ISOMÉTRICOS DOS SISTEMAS DE CLIMATIZAÇÃO

Estes podem ser divididos em:

- ar-condicionado (refrigeração e calefação);
- exaustão/ventilação.

No restante, a apresentação do conteúdo deve ser similar às anteriores.

PLANTAS, CORTES E DETALHES CONSTRUTIVOS DE TRANSPORTES ORGANIZADOS

Estes podem ser divididos em:

- elevadores;
- escadas rolantes;
- monta-cargas;
- sistemas de elevação;
- portões de abertura mecanizada.

Além de uma apresentação análoga às anteriores, o conteúdo destes implica ainda uma apresentação de sistemas mecânicos.

MANUAIS E MEMORIAIS DESCRITIVOS

- memoriais de cálculo;
- memoriais descritivos;

- especificações técnicas (materiais, procedimentos e ensaios tecnológicos previstos);
- orçamento e composição de preços (materiais e mão de obra);
- contratos;
- cronogramas;
- manuais técnicos dos equipamentos (de instalação, operação e manutenção).

DOCUMENTOS COMPLEMENTARES

- maquetes;
- fotografias;
- cópia do termo de recebimento da obra (NBR 5675/1980 – Recebimento de Serviços de Engenharia e Arquitetura), acompanhada de:
  - projeto como construído (*as built*), devidamente atualizado, com as alterações realizadas durante a execução da obra;
  - livro de ocorrências diárias;
  - boletins diários da obra;
  - boletins de desempenho (evolução da obra comparada com o cronograma físico financeiro);
  - resultados dos ensaios tecnológicos;
  - relatório (manual) de recomendações de uso e manutenção das obras civis, instalações e equipamentos, incluindo catálogos e tabelas de fabricantes;
  - termos de garantia de instalações e equipamentos.

DOCUMENTOS LEGALMENTE AUTENTICADOS

- cópia dos documentos arquivados no registro geral de imóveis, conforme Lei Federal nº 4.501 – Lei do Condomínio (art. 32). Particularmente:
  - cópia do contrato com a administradora ou operadora;

- projeto aprovado no município;
- memorial descritivo das discriminações técnicas e características dos componentes da construção (abrangendo toda a edificação);
- convenção do condomínio (no caso de edificação residencial/ *apart-hotel*);
- regimento interno do condomínio (no caso de edificação residencial/ *apart-hotel*);

> **OBSERVAÇÃO**
>
> Atualmente, de acordo com o Código de Defesa do Consumidor, deve ser desenvolvido um *Manual de Operação, Uso e Manutenção* das edificações (NBR 14037/1998 – Manual de Operação, Uso e Manutenção das Edificações: Conteúdo e Recomendações para Elaboração e Apresentação) para os usuários/ proprietários.

- cópia do auto de conclusão da obra (*habite-se*);
- cópia de correspondências, projetos, impressos e comprovantes de pagamento relativos à aprovação de fornecimento de utilidades pelas concessionárias públicas:
  - gás;
  - telefonia;
  - energia elétrica;
  - água/esgoto;
- cópia do projeto aprovado no corpo de bombeiros e seu regulamento;
- cópia das apólices de seguro de incêndio e outros sinistros das partes comuns e autônomas;
- cópia dos registros e desenhos relativos às atividades preliminares (planejamento), em especial:
  - levantamentos topográficos;
  - estudos geotécnicos (sondagens);
  - vistoria preliminar.

ESTRUTURAÇÃO DA BIBLIOTECA TÉCNICA

A edificação precisa dispor de uma pequena biblioteca técnica convenientemente organizada que contenha os seguintes documentos:

- jogo completo de normas técnicas atualizadas (NBRs da ABNT);
- revistas técnicas;
- livros e apostilas;
- jornais, boletins informativos;
- cadastro atualizado de fornecedores e fabricantes;
- cadastro de especificações técnicas para compras e reformas;
- cadastro de funcionários e colaboradores internos.

CLAVICULÁRIO CENTRAL E MESTRAGEM

O claviculário é o local onde se concentram todas as chaves de portas e acessos da edificação, que devem ser devidamente identificadas, controladas e duplicadas para situações de extravio e perda. Nos hotéis o claviculário normalmente é administrado pela mestragem e pelo pessoal de governança.

DOCUMENTOS PARA AQUISIÇÃO DE NOVOS EQUIPAMENTOS

- manual técnico (instalação, operação e manutenção)*;
- manual de peças;
- condições de garantia;
- desenhos, plantas e croquis;
- relação de sobressalentes;
- contratos de assistência técnica;
- treinamento de operação e de manutenção.

---

* Os manuais técnicos deverão seguir a NBR 14037/1998 – Manual de Operação, Uso e Manutenção das Edificações: Conteúdo e Recomendações para Elaboração e Apresentação.

ROTEIROS DE INSPEÇÃO E ORDENS DE SERVIÇO

OS ROTEIROS DE INSPEÇÃO

Importantes instrumentos à disposição da assistência técnica de manutenção do hotel são os roteiros de inspeção ou *check-lists*. Constituem uma forma de sistematizar e disciplinar o relacionamento das áreas operativas com a manutenção, introduzindo a metodologia preventiva no lugar da corretiva. O esquema a seguir ilustra as duas situações.

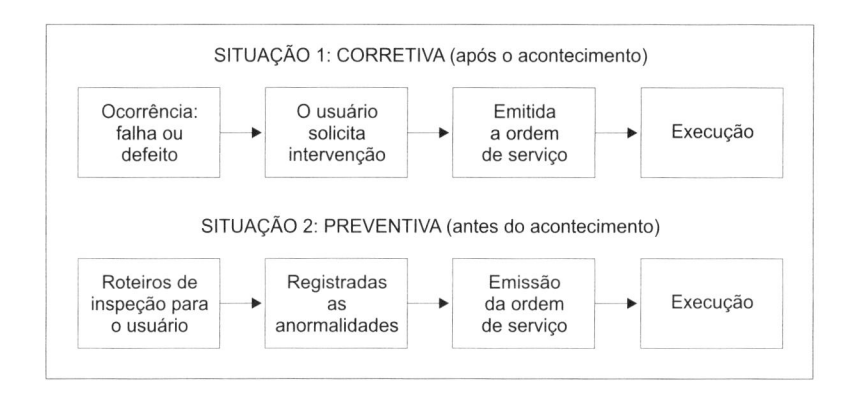

```
SITUAÇÃO 1: CORRETIVA (após o acontecimento)
Ocorrência:      → O usuário      → Emitida        → Execução
falha ou           solicita         a ordem
defeito            intervenção      de serviço

SITUAÇÃO 2: PREVENTIVA (antes do acontecimento)
Roteiros de      → Registradas    → Emissão        → Execução
inspeção para      as               da ordem
o usuário          anormalidades    de serviço
```

OBJETIVOS E CONTEÚDO

Os roteiros de inspeção ou *check-lists* são documentos utilizados no controle, no gerenciamento do estado dos equipamentos e das instalações e na organização dos serviços a serem executados pelas equipes da manutenção. Estas objetivam concretizar um programa de manutenção. Os dados essenciais contidos nos roteiros são:

- o que fazer: descrição do serviço a ser executado;
- quando fazer: periodicidade da intervenção;
- onde fazer: descrição do equipamento, conjunto ou subconjunto sujeito à intervenção;
- outros dados: referências sobre procedimentos, desenhos auxiliares, mapas, etc.

Os objetivos dos roteiros são:

- apoiar os responsáveis pela execução;
- auxiliar na coordenação de atividades;
- evitar o esquecimento de serviços;
- servir como instrumentos de aferição e controle.

TIPOS

Existem inúmeros tipos e modelos de roteiros de manutenção, criados e desenvolvidos em função das características da empresa e das necessidades da manutenção. Os mais relevantes são:

- **roteiros de inspeção** – contêm uma *sequência* de itens e serviços a serem inspecionados e verificados nos equipamentos ou instalações. Em geral tais roteiros não envolvem operações de montagem/desmontagem;
- **roteiros de execução** – são constituídos por listagens de intervenções a serem executadas nos equipamentos, além de eventualmente incluírem itens de inspeção. Os roteiros de execução de uma programação de manutenção em algumas empresas são chamados de ordens de serviços programadas;
- **mapas** – compõem-se de desenhos ou croquis de equipamentos ou instalações destinados a orientar as equipes executoras. A característica básica dos mapas é a de lançarem mão de desenhos, croquis ou diagramas

esquemáticos. Exemplos: Mapas (ou guias) de Lubrificação, Mapas Técnicos de Execução, etc.;

- **tabelas de defeitos x causa x providências** – também chamadas de *trouble shooting guide*. São roteiros descritivos e orientativos, em forma de tabelas, sobre defeitos ou falhas de equipamento, suas causas prováveis e as principais providências a serem tomadas.

Expõe-se a seguir um modelo prático de roteiro de inspeção para unidades habitacionais.

ROTEIRO DE INSPEÇÃO DO APARTAMENTO (*CHECK-LIST*)

Responsável pela inspeção	Data da inspeção	Número	Apto.	Livro de inspeção

**DURANTE A INSPEÇÃO
INDICAR O CÓDIGO
(N) NORMAL
(A) ANORMAL**

1. PORTAS DO APARTAMENTO

- 1.1 Campainha ( )
- 1.2 Maçaneta ( )
- 1.3 Fechadura ( )
- 1.4 Trinco ( )
- 1.5 Placas e números ( )
- 1.6 Corrente de segurança ( )
- 1.7 Batedor ( )
- 1.8 Olho mágico ( )
- 1.9 Cartões ( )
- 1.10 Estrutura e pintura ( )
- 1.11 Dobradiças ( )
- 1.12 Batentes ( )

2. ENTRADA

- 2.1 Interruptores ( )
- 2.2 Tomadas ( )
- 2.3 Luminárias ( )
- 2.4 Lâmpadas ( )
- 2.5 Espelho ( )
- 2.6 Parede e pintura ( )
- 2.7 Carpete e tapete de entrada ( )

3. ABAJURES E LUSTRES

- 3.1 Interruptores ( )
- 3.2 Soquetes de lâmpadas ( )
- 3.3 Cúpulas de abajur ( )
- 3.4 Interruptores pendentes ( )
- 3.5 Cúpula de lustre ( )
- 3.6 Lâmpadas ( )
- 3.7 Tomadas ( )

4. MOBÍLIA

- 4.1 Puxadores de gaveta ( )
- 4.2 Guias de gaveta ( )
- 4.3 Estrutura e pintura ( )
- 4.4 Molas das cadeiras ( )
- 4.5 Tampos de mesa ( )
- 4.6 Cabeceiras ( )
- 4.7 Rodas ( )

5. INTERIOR GERAL DO APTO.

- 5.1 Rodapés ( )
- 5.2 Carpetes e tapetes ( )
- 5.3 Revestimento ( )
- 5.4 Estrutura e pintura ( )
- 5.5 Quadros e obras ( )
- 5.6 Estrutura e pintura do teto ( )
- 5.7 Portas ( )
- 5.8 Janelas e espelhos ( )
- 5.9 Sofás e poltronas ( )
- 5.10 Banquetas e cadeiras ( )
- 5.11 Iluminação ( )
- 5.12 Cortinas, trilhos, rodízios ( )
- 5.13 Ferragens, janelas ( )
- 5.14 Ganchos de espelhos ( )

6. ARMÁRIOS

- 6.1 Portas e fechaduras ( )
- 6.2 Pegadores e puxadores ( )
- 6.3 Rodízios das portas ( )
- 6.4 Guias das portas ( )
- 6.5 Batentes das portas ( )
- 6.6 Prendedores das portas ( )
- 6.7 Cabides ( )
- 6.8 Gavetas ( )
- 6.9 Dobradiças ( )
- 6.10 Estrutura e pintura ( )

7. CAMA E CRIADO-MUDO

- 7.1 Estrutura da cama ( )
- 7.2 Pintura da cama ( )
- 7.3 Estado do colchão ( )
- 7.4 Criado-mudo ( )
- 7.5 Prateleiras ( )
- 7.6 Abajures ( )
- 7.7 Lâmpadas ( )
- 7.8 Interruptores ( )
- 7.9 Cinzeiros ( )
- 7.10 Listas telefônicas ( )

8. TELEFONE

- 8.1 Estrutura e estado ( )
- 8.2 Operação e funcionamento ( )
- 8.3 Instruções de discagem ( )
- 8.4 Disco/ teclas ( )
- 8.5 Limpeza ( )

9. BANHEIRO

- 9.1 Estado geral e pintura ( )
- 9.2 Vazamentos, umidade, limpeza ( )
- 9.3 Válvula de descarga ( )
- 9.4 Vaso sanitário ( )
- 9.5 Assento e tampa do assento ( )
- 9.6 Dobradiças do assento ( )
- 9.7 Sifão ( )
- 9.8 Ralo da banheira ( )
- 9.9 Válvula do misturador ( )
- 9.10 Arruelas e fixação ( )
- 9.11 Torneira quente e fria ( )
- 9.12 Canoplas ( )
- 9.13 Chuveiro e buchas ( )
- 9.14 *Box* do chuveiro, portas, guias ( )
- 9.15 *Box* do chuveiro, batentes, maçanetas ( )
- 9.16 Sistema de água fria ( )
- 9.17 Conexões da bacia ( )
- 9.18 Tampas dos ralos ( )
- 9.19 Telas das torneiras ( )
- 9.20 Fixadores da bacia ( )
- 9.21 Papeleira ( )
- 9.22 Depósito de lâminas de barbear ( )
- 9.23 Abridor de gavetas ( )
- 9.24 Porta-lenço de papel ( )
- 9.25 Pisos e azulejos ( )
- 9.26 Saboneteiras e barras de apoio ( )
- 9.27 Toalheiros ( )
- 9.28 Travas ( )
- 9.29 Armários e complementos ( )

10. AR-CONDICIONADO

- 10.1 Controles e válvulas manuais ( )
- 10.2 Botão do termostato ( )
- 10.3 Filtro ( )
- 10.4 Dreno de água ( )
- 10.5 Estado geral e pintura ( )

11. GELADEIRA/FRIGOBAR

- 11.1 Operação geral e funcionamento ( )
- 11.2 Vedações e portas ( )
- 11.3 Estado geral e pintura ( )

12. TELEVISOR

- 12.1 Operação geral e funcionamento ( )
- 12.2 Som e vídeo ( )
- 12.3 Botões ( )
- 12.4 Sintonia fina ( )
- 12.5 Tomada de antena e conectores ( )
- 12.6 Controle remoto e conexões ( )

REQUISIÇÃO DE MATERIAL

Nº / RM

DATA __/__/__	Nº O.S.M.	APLICAÇÃO

CÓDIGO DO MATERIAL	UNIDADE	QUANTIDADE	DESCRIÇÃO DO MATERIAL

SOLICITADO POR	AUTORIZADO POR	RETIRADO POR

REQUISIÇÃO DE MATERIAL

Nº / RM
43216

DATA 13/7/10	Nº O.S.M. 86784	APLICAÇÃO manutenção corretiva em fogão de cozinha

CÓDIGO DO MATERIAL	UNIDADE	QUANTIDADE	DESCRIÇÃO DO MATERIAL
4301-2	pç	01	mangueira flexível
4433-1	pç	02	abraçadeira
4532-8	pç	06	parafusos completos

SOLICITADO POR João Oliveira	AUTORIZADO POR Marcos Sousa	RETIRADO POR Antônio Silva

Roteiros de inspeção e ordens de serviço

SOLICITAÇÕES E ORDENS DE SERVIÇO E MANUTENÇÃO

APLICAÇÃO

A ordem de serviço é gerada a partir de uma solicitação de serviço, que poderá ser verbal ou registrada em documento específico.

O planejamento, a programação e o controle da manutenção são efetivados com solicitação, apontamento e emissão das ordens de serviço. Esses documentos permitem análises e controles das atividades preventivas e corretivas. Seus objetivos são:

- assegurar o controle adequado dos serviços e recursos;
- permitir rateios e alocação de custos adequados;
- controlar o desempenho e o histórico dos equipamentos e das instalações.

SOLICITAÇÃO DE SERVIÇOS

A solicitação de serviços da manutenção (SS) é uma requisição que permanece em poder do requisitante ao registrar a primeira manifestação em relação ao defeito ou à falha.

Esse documento, na maioria das vezes, é utilizado antes da emissão de OS, e seus objetivos são:

- evitar dúvidas quanto ao serviço solicitado;
- possibilitar análise prévia deste;
- viabilizar uma análise econômica de opções de execução;
- oficializar a solicitação dos serviços.

As informações básicas contidas nas solicitações de serviço são:

- descrição detalhada do serviço solicitado para que a manutenção não perca tempo ou apresente muitas dúvidas;
- justificativa e prioridade do serviço;
- identificação do centro de custo;
- código do equipamento, máquina ou instalação;
- nome e identificação do solicitante.

ORDEM DE SERVIÇO

A ordem de serviço de manutenção (OS) é gerada a partir de uma solicitação de serviço. Sua principal função é possibilitar o registro das atividades previstas e realizadas, com a descrição dos recursos humanos e materiais aplicados em sua execução. Pode ser planejada, programada ou executada. Seus principais objetivos são:

- orientar os executores dos serviços;
- permitir o controle de custos técnicos, atualizando o histórico.

As informações básicas que contém são:

- seu número de identificação;
- centro de custo gerador do serviço;
- código do equipamento, máquina e/ou instalação;
- descrição do serviço executado, apresentando o defeito ou a falha, a causa e a providência;
- relação de materiais aplicados no serviço;
- mão de obra utilizada;
- custos totais do serviço.

Apresenta-se, a seguir, um modelo de ordem de serviço aplicada na manutenção hoteleira.

ORDEM DE SERVIÇO DE MANUTENÇÃO

Nº OSM _____

DATA DE ABERTURA ___/___/___

NOME DO SOLICITANTE	LOCAL	CÓDIGO DE ÁREA / LOCAL	CÓDIGO DO EQUIPAMENTO

DESCRIÇÃO DO MOTIVO DA SOLICITAÇÃO _____

_____

_____

_____

SERVIÇO EXECUTADO	TIPO DE SERVIÇO ( )	PERIODICIDADE ( )
	1. instalação / alteração / melhoria	1. urgente
	2. corretiva	2. importante
	3. preventiva	3. normal

DESCRIÇÃO DA CAUSA DO SERVIÇO _____

_____

_____

_____

DESCRIÇÃO DO SERVIÇO EXECUTADO _____

_____

_____

_____

APONTAMENTO DE MÃO DE OBRA		MATERIAIS GASTOS			TEMPO GASTO
CATEGORIA	TEMPO GASTO	CÓDIGO	QUANT.	DESCRIÇÃO	início ___/___/___
					horário ___ h ___
					término ___/___/___
					horário ___ h ___
					duração ___ h ___

CUSTOS DA(OS)

materiais _____   mão de obra _____

outros _____   total _____

APROVAÇÃO DA(OS)

_____

ORDEM DE SERVIÇO DE MANUTENÇÃO

Nº OSM	86784

DATA DE ABERTURA
13 / 7 / 10

NOME DO SOLICITANTE	LOCAL	CÓDIGO DE ÁREA / LOCAL	CÓDIGO DO EQUIPAMENTO
Antônio Pedro	Cozinha	02.04.003	37721-010

DESCRIÇÃO DO MOTIVO DA SOLICITAÇÃO Serviço solicitado devido ao vazamento de gás do fogão nº 3.

SERVIÇO EXECUTADO

TIPO DE SERVIÇO (2)
1. instalação / alteração / melhoria
2. corretiva
3. preventiva

PERIODICIDADE (1)
1. urgente
2. importante
3. normal

DESCRIÇÃO DA CAUSA DO SERVIÇO Rompimento da mangueira de alimentação de gás devido ao envelhecimento do material.

DESCRIÇÃO DO SERVIÇO EXECUTADO Troca de mangueira, abraçadeiras e elementos de fixação. Efetuada a revisão geral de todas as peças e alimentação dos fogões nºs 1 e 2.

APONTAMENTO DE MÃO DE OBRA

CATEGORIA	TEMPO GASTO
mecânico	1h30

MATERIAIS GASTOS

CÓDIGO	QUANT.	DESCRIÇÃO
4301-2	01	mangueira flexível
4433-1	02	abraçadeira
4532-8	06	parafusos completos

TEMPO GASTO

início	13/ 7 /10
horário	10 h 30
término	13/ 7 / 10
horário	12 h 00
duração	1 h 30

CUSTOS DA(OS)

materiais	R$ 16,50	mão de obra	R$ 6,00
outros	— x —	total	R$ 22,50

APROVAÇÃO DA(OS)

CADASTROS E HISTÓRICOS DOS EQUIPAMENTOS

O cadastramento das instalações e dos equipamentos hoteleiros é fundamental para o controle da manutenção. Consiste em registrar, num único documento, o maior número possível de informações técnicas e administrativas. Para uma atualização do cadastro, convém utilizar o histórico do equipamento, que registra todos os principais acontecimentos durante a vida da máquina. Eis, a seguir, os modelos práticos de cadastro e histórico de equipamento e instalação.

CADASTRO DE EQUIPAMENTO

NOME DO EQUIPAMENTO

CÓDIGO DO EQUIPAMENTO

CÓDIGO DA LOCALIZAÇÃO

DATA DA AQUISIÇÃO

VALOR EM R$

Nº DA NOTA FISCAL

DATA DA INSTALAÇÃO

DADOS CADASTRAIS

FABRICANTE _____

MODELO / TIPO _____

ANO DE FABRICAÇÃO _____ Nº DE SÉRIE _____

REFERÊNCIA DO ARQUIVO TÉCNICO _____

PRIORIDADE (   )   1. crítico   2. semicrítico   3. não crítico

VALIDADE DA GARANTIA _____

POTÊNCIA _____ TENSÃO _____ CORRENTE _____

CONSUMO: ÁGUA _____ VAPOR _____

DIESEL _____ ENERGIA ELÉTRICA _____

GÁS _____

UTILIZAÇÃO DO EQUIPAMENTO _____

CARACTERÍSTICAS GERAIS _____

_____

_____

_____

_____

_____

CADASTRO DE EQUIPAMENTO

NOME DO EQUIPAMENTO	CÓDIGO DO EQUIPAMENTO	CÓDIGO DA LOCALIZAÇÃO
Lavadora extratora	831462-028	04.130.236

DATA DA AQUISIÇÃO	VALOR EM R$	Nº DA NOTA FISCAL	DATA DA INSTALAÇÃO
13 / 7 / 1995	14.810,15	73846-A	20 / 7 / 1995

DADOS CADASTRAIS

FABRICANTE ___Milnor___

MODELO / TIPO ___42044 WE 2/AFR___

ANO DE FABRICAÇÃO ___1995___   Nº DE SÉRIE ___3540801/80047___

REFERÊNCIA DO ARQUIVO TÉCNICO ___PASTA P13-8___

PRIORIDADE (2)   1. crítico   2. semicrítico   3. não crítico

VALIDADE DA GARANTIA ___doze meses___

POTÊNCIA ___7,5 kW___   TENSÃO ___380 V___   CORRENTE ___12,8 A___

CONSUMO: ÁGUA ___40 L/h a 2,0 kg/cm^2___   VAPOR ___—___

  DIESEL ___—___   ENERGIA ELÉTRICA ___30 kWh/dia___

  GÁS ___ar comprimido (6,5 kg/cm^2)___

UTILIZAÇÃO DO EQUIPAMENTO ___lavagem completa de roupas___

CARACTERÍSTICAS GERAIS ___transmissão por correias referência Dayco 4L390___
___telas com 1.3/4" e 1/2" – quadro elétrico nº LL-S-01 e___
___esquema elétrico W.75018___

HISTÓRICO DE EQUIPAMENTO

NOME DO EQUIPAMENTO		CÓDIGO DO EQUIPAMENTO	CÓDIGO DA LOCALIZAÇÃO	
DATA	Nº O.S.	DIAS ACUMULADOS	DESCRIÇÃO DO SERVIÇO EXECUTADO	

HISTÓRICO DE EQUIPAMENTO

NOME DO EQUIPAMENTO		CÓDIGO DO EQUIPAMENTO	CÓDIGO DA LOCALIZAÇÃO	
Lavadora extratora		831462-028	04.130.236	
DATA	Nº O.S.	DIAS ACUMULADOS	DESCRIÇÃO DO SERVIÇO EXECUTADO	
29/6/1999	24735	—	instalação e testes de pré-operação	
29/7/1999	42631	30	revisão completa de garantia	
30/10/1999	36781	120	manutenção preventiva	
2/2/2000	71420	480	limpeza da tela do programador	
5/5/2000	63554	600	revisão geral e preventiva	
5/7/2000	76348	660	troca de correias	
12/12/2000	10423	810	manutenção preventiva	
20/12/2000	13581	1.170	revisão geral, troca de componentes e preventiva	
4/3/2001	25632	1.260	reforma de motores com troca de rolamentos	

RELATÓRIOS DE CONTROLE E ACOMPANHAMENTO DOS SERVIÇOS

No sentido de proporcionar um bom controle e um bom gerenciamento dos serviços executados, devem ser gerados os seguintes relatórios de desempenho da manutenção hoteleira:

RELAÇÃO DE ORDENS DE SERVIÇO EMITIDAS E EXECUTADAS

Tem a função de controlar o grau de pendência e a produtividade de manutenção. Em alguns casos, pode-se gerar o relatório de ordens de serviço pendentes em cada área e em cada setor do hotel. É importante sempre informar os solicitantes sobre a previsão e a situação das pendências e datas prováveis de execução do serviço.

CONTROLE DE CUSTOS DE ORDENS DE SERVIÇO

É a emissão de um relatório mensal de controle de custos totais diretos (mão de obra, materiais e terceiros) para todo o hotel e por setor ou departamento, em determinado período. Esses custos totais podem ser divididos periodicamente pelo total do faturamento do hotel ou do investimento efetuado:

$$\frac{\text{custo de manutenção}}{\text{faturamento}} \quad \text{ou} \quad \frac{\text{custo de manutenção}}{\text{investimento}}$$

RELATÓRIOS DE AVALIAÇÃO DA DISPONIBILIDADE E CONFIABILIDADE

Em razão da importância operacional e produtiva dos equipamentos e das instalações, é aconselhável a monitoração de seu desempenho por meio do controle de sua disponibilidade e de sua confiabilidade.

CONTROLE DE CONSUMOS

Com o aumento dos custos energéticos, torna-se fundamental o acompanhamento rotineiro de consumo de energia dos equipamentos, máquinas e instalações prioritários e de importância do hotel. O termo "energia" envolve a energia elétrica, água, gás, esgoto, telefonia.

REFERÊNCIAS BIBLIOGRÁFICAS

ABNT. *NBR 5462 – Confiabilidade e mantenabilidade.* Rio de Janeiro, 1994.

ABNT. *NBR 14037 – Manual de operação, uso e manutenção das edificações: conteúdo e recomendações para elaboração e apresentação.* Rio de Janeiro, 1998.

ANDRADE, Nelson; BRITO, Paulo Lúcio de & JORGE, Wilson Edson. *Hotel: planejamento e projeto.* São Paulo: Editora Senac São Paulo, 2000.

BOURSEAU, Marcel. *L'équipement hotelier: constructions, installations, materiels.* Paris: Flammarion, 1980.

COSTA, Roberto Figueiredo. *Administração de serviços gerais.* São Paulo: Edicta, 1999.

DELMAR, Silvia. *Mantenimento de hoteles.* México: Trillas, 1980.

EMBRATUR & INMETRO. *Regulamento e matriz de classificação dos meios de hospedagem e turismo.* São Paulo: Suprimentos e Serviços. (Deliberação Normativa nº 397, de 28-1-1998.)

INSTITUTO BRASILEIRO DE AVALIAÇÃO E PERÍCIA DE ENGENHARIA DE SÃO PAULO (IBAPE). *Manual do proprietário: a saúde dos edifícios.* São Paulo: Três, 1999.

LAWSON, Fred. *Hotels, Motels and Condominiums: Design, Planning and Maintenance.* Londres: The Architectural Press, 1976.

MINISTÉRIO DO TRABALHO E EMPREGO. *Segurança e medicina do trabalho.* 47ª ed. São Paulo: Atlas, 2000. (Lei nº 6.514, de 22-12-1977, Normas Regulamentadoras (NR) aprovadas pela Portaria nº 3.214, de 8-6-1978.)

POLÍCIA MILITAR DO ESTADO DE SÃO PAULO. Corpo de Bombeiros. *Manual de fundamentos de bombeiros.* São Paulo: Abril, 1998. (Decreto Estadual nº 46.076/2001.)

Polícia Militar do Estado de São Paulo. *Corpo de Bombeiros da Polícia Militar do Estado de São Paulo* (Decreto Estadual nº 56.819, de 10-3-2011).

Redlin, Michael H. *Administração de utilidades para instalações hoteleiras*. Ithaca: Universidade de Cornell, 1982.

Zanella, Luiz Carlos. *Manutenção hoteleira: administração e operação*. Porto Alegre: Centro de Treinamento Hoteleiro (CTH), 1995.

ÍNDICE GERAL

Administração da manutenção (A) 21
Administração de contratos 101
Administração de materiais de manutenção 90
Administração de materiais e compras 100
Ao sair do hotel 16
Aplicação 116
Aproveitamento 79
Área comercial 61
Área da administração 62
Área de hospedagem – andar-tipo 41
Área de hospedagem – apartamento-tipo e unidade habitacional 42
Área de serviços 62
Área dos equipamentos 66
Área operacional 56
Áreas de bares e restaurantes 45
Áreas de circulação 45
Áreas de convenções e de eventos 43
Áreas de hospedagem 58

Áreas de manutenção 65
Áreas de recreação 67
Áreas de serviço 47
Áreas secundárias 51
Áreas sociais 59
Áreas sociais, de lazer e de recreação 46
Áreas técnicas e de equipamentos 50
Arquivo técnico 99, 103
Aspectos gerais 93
Atendimento na recepção (O) 14
Avaliação dos custos operacionais e de energia do hotel 17
Cadastros básicos 99
Cadastros e históricos dos equipamentos 120
Capabilidade 80
Caracterização dos serviços 13
Chamando o elevador 14
Ciclo de vida 75
Ciclo de vida da construção predial e dos equipamentos 30
Claviculário central e mestragem 109
Como avaliar a manutenção 16
Comparação física dos hotéis 51
Compras técnicas e contratações 90
Conceitos básicos da manutenção hoteleira 75
Conceitos importantes 78
Confiabilidade 78
Configuração física básica do hotel 29
Conservação de energia 90
Controle da manutenção 89
Controle da obsolescência e degradação do patrimônio 17
Controle de consumo de energia 101
Controle de consumos 124
Controle de custos de ordens de serviço 124
Controle patrimonial 89
Crescimento dos custos diretos de manutenção 16
Custo do passivo ambiental 19
Custos com multas, infrações e autuações 17

De manhã, ao levantar-se 15
Dentro do apartamento 15
Diagramas funcionais e operações hoteleiras 69
Disponibilidade 78
Distribuição das áreas físicas do hotel 57
Distribuição das áreas para a manutenção hoteleira 56
Documentos complementares 107
Documentos legalmente autenticados 107
Documentos para aquisição de novos equipamentos 109
Durante o café da manhã 15
Edificação 34
Empresa hoteleira 29
Enfoque da qualidade total na hotelaria (O) 12
Enfoque da manutenção nos resultados financeiros, O 14
Entrada principal, acessos e estacionamento 40
Equipamentos 35
Estrutura organizacional e funções 87
Estruturação da biblioteca técnica 109
Evolução histórica dos conceitos 21
Execução dos serviços 88
Históricos de equipamentos e instalações 100
Hóspede chega ao hotel (O) 14
Implantação de um sistema de manutenção 93
Importância da manutenção (A) 11
Influência da manutenção na qualidade e na produtividade (A) 14
Inspeção (*check-list*) 82
Instalações 34
Legislação hoteleira 103
Logística hoteleira 91
Manuais e memoriais descritivos 106
Manutenabilidade ou mantenabilidade 79
Manutenção corretiva 81
Manutenção preditiva ou monitorada 83
Manutenção preventiva 81
Manutenção programada e não programada 84
Manutenção progressiva ou de *kits* baseada na confiabilidade ou no estado 83

Medição do custo da má qualidade do serviço prestado 18
Medição do custo de parada 17
Medição do custo de perda de imagem 18
Medição dos custos com acidentes causados por falhas e defeitos 18
Missão e objetivos da empresa e da manutenção 25
Nota do editor 7
Objetivos da qualidade 13
Objetivos e conteúdo 112
Obras civis 34
Ordem de serviço 117
Ordens de serviço 100
Organização administrativa 87
Origens dos problemas e seus tipos 76
Outras atividades de manutenção 84
Participação do custo de manutenção sobre o faturamento 16
Planejamento de manutenção e operação 89
Plantas, cortes e detalhes construtivos de transportes organizados 106
Plantas, cortes isométricos dos sistemas de climatização 106
Plantas, cortes isométricos e detalhes da rede hidrossanitária e de gás 105
Políticas de manutenção 94
Prefácio 9
Problemas e desafios 24
Programação da manutenção 89
Projeto arquitetônico 104
Projeto de instalações 105
Projeto estrutural 104
Projeto geotécnico 104
Projeto legal aprovado 104
Projetos executivos da edificação 104
Referências bibliográficas 125
Relação de ordens de serviço emitidas e executadas 124
Relatórios de avaliação da disponibilidade e confiabilidade 124
Relatórios de controle e acompanhamento dos serviços 124
Relatórios técnicos e de custos 101
Reserva financeira operacional 19
Reserva financeira para reposição do patrimônio 19

Roteiro de atividades 96
Roteiros de inspeção (Os) 111
Roteiros de inspeção e ordens de serviço 111
Roteiros de inspeções 99
Saguão e *lobby* 39
Sequência de implantação (A) 95
Significado da manutenção (O) 23
Significado, objetivos e problemas 23
Sistema de informações para manutenção hoteleira 97
Solicitação de serviços 116
Solicitações e ordens de serviço e manutenção 116
Subárea operacional 56
Tipos 112
Tipos de manutenção 80
Visão geral 23
Visão geral da configuração física do hotel 39
Visão geral da manutenção hoteleira 11